Zu diesem Buch

Kurt Tucholsky, geboren am 9. Januar 1890 in Berlin, studierte dort und in Genf Jura und promovierte 1914 in Jena mit einer Arbeit über Hypothekenrecht. Er war einer der bedeutendsten Gesellschaftskritiker unseres Jahrhunderts. Am 21. Dezember 1935 schied er in Hindås/Schweden freiwillig aus dem Leben. Tucholsky war unter den Pseudonymen Peter Panter, Theobald Tiger, Ignaz Wrobel und Kaspar Hauser Mitarbeiter der «Schaubühne» und «Weltbühne», die er mit Siegfried Jacobsohn und dem späteren Friedensnobelpreisträger Carl von Ossietzky zu einem der aggressivsten und wirksamsten publizistischen Instrumente der Weimarer Republik machte.

Von Kurt Tucholsky erschienen außerdem: «Schloß Gripsholm» (rororo Nr. 4; auch in der Reihe «Literatur für Kopfhörer», gelesen von Uwe Friedrichsen), «Zwischen Gestern und Morgen. Eine Auswahl» (rororo Nr. 50), «Panter, Tiger & Co.» (rororo Nr. 131), «Rheinsberg» (rororo Nr. 261), «Ein Pyrenäenbuch» (rororo Nr. 474), «Politische Briefe» (rororo Nr. 1183), «Politische Justiz» (rororo Nr. 1336), «Politische Texte» (rororo Nr. 1444), «Schnipsel» (rororo Nr. 1669), «Deutschland, Deutschland über alles» (rororo Nr. 4611), «Briefe aus dem Schweigen 1932–1935» (rororo Nr. 5410), «Literaturkritik» (rororo Nr. 5548), «Die Q-Tagebücher» (rororo Nr. 5604), «Wenn die Igel in der Abendstunde.» (rororo Nr. 5658), «Gesammelte Werke» (10 Bde.; rororo-Kassette Nr. 29011), «Ausgewählte Werke» (2 Bde.; Rowohlt 1965), «Briefe an eine Katholikin 1929–1931» (Rowohlt 1970), «Wo kommen die Löcher im Käse her?» (Rowohlt 1981), «Unser ungelebtes Leben. Briefe an Mary» (Rowohlt 1982), «Gedichte» (Rowohlt 1983), «Das Kurt-Tucholsky-Chanson-Buch» (Rowohlt 1983), «Deutsches Tempo. Gesammelte Werke Ergänzungsband 1911–1932» (Rowohlt 1985) und das Lesebuch «Wir Negativen» (Rowohlt 1988). In der Reihe «rowohlts monographien» erschien als Band 31 eine Darstellung Kurt Tucholskys mit Selbstzeugnissen und Bilddokumenten von Klaus-Peter Schulz, die eine ausführliche Bibliographie enthält.

Der Herausgeber des vorliegenden Bandes, Wolfgang Hering, geboren am 12. August 1948 in Berlin, unterrichtet seit 1977 Deutsch und Französisch an einer Berliner Gesamtschule. Er veröffentlichte Beiträge zur Orthographie sowie «Glosse mit Gebet – Tucholsky als Sprachkritiker».

Kurt Tucholsky

Sprache ist eine Waffe

Sprachglossen

Zusammengestellt von
Wolfgang Hering

Rowohlt

Originalausgabe
Veröffentlicht im Rowohlt Taschenbuch Verlag GmbH,
Reinbek bei Hamburg, Juni 1989
Copyright © 1989 by Rowohlt Taschenbuch Verlag GmbH,
Reinbek bei Hamburg
Umschlaggestaltung Barbara Hanke
Gesetzt aus Garamond auf Linotron 202
Gesamtherstellung Clausen & Bosse, Leck
Printed in Germany
780-ISBN 3 499 12490 4

Vorwort

Man muß aus der Stille kommen,
um etwas Gedeihliches zu schaffen.

> Kurt Tucholsky (1919)

Damit die göttliche Wahrscheinlichkeitsrechnung aufgehe, verpasse ich die Züge, die er erwischt; horche ich den Lärm auf, um den er herumwohnt; ...

> Kaspar Hauser (1927)

Mir scheint es ein deutscher Nationalfehler zu sein, mit ungeheurem Seelengeräusch im Resultat nicht viel mehr als andre Völker zu produzieren.

> Ignaz Wrobel (1927)

Gebt Licht, Laternen!
Stolpernd sucht mein Fuß den Weg, es blitzen die Laternen. Mit allen fünf Sinnen nehme ich auf, sie können nichts dafür:
meist
    ist es
        Schmerz.

> Theobald Tiger (1925)

Denn dies ist mein Privatsparren: still muß es sein, so still, daß man die Druckfehler in den Büchern knistern hört.

> Peter Panter (1931)

Das Werkzeug des Schriftstellers ist die Sprache.

Wir senden unsere Wellen aus – was ankommt, wissen wir nicht, nur selten. Hier kam alles an. Der feinste Aufnahmeapparat, den dieser Mann darstellte, feuerte zu höchster Leistung an – vormachen konnte man ihm nichts. Er merkte alles. Tadelte unerbittlich, aber man lernte etwas dabei. Ganze Sprachlehren wiegt mir das auf, was er ‹ins Deutsche übersetzen› nannte. Einmal fand er eine Stelle, die er nicht verstand. «Was heißt das? Das ist wolkig!» sagte er. Ich begehrte auf und wußte es viel besser. «Ich wollte sagen...» erwiderte ich – und nun setzte ich ihm genau auseinander, wie es gemeint war. «Das wollte ich sagen», schloß ich. Und er: «Dann sags.» Daran habe ich mich seitdem gehalten. Die fast automatisch arbeitende Kontrolluhr seines Stilgefühls ließ nichts durchgehen – kein zu starkes Interpunktionszeichen, keine wilde Stilistik, keinen Gedankenstrich nach einem Punkt (Todsünde!) – er war immer wach.

Dieser Nachruf im Sammelband *Mit 5 PS* belegt es: Hier gibt es keine Lobeshymnen eines Dilettanten auf die sprachliche Kunst des stilistisch Besseren.

Kurt Tucholsky ehrt 1927 den ein Jahr zuvor verstorbenen Freund, den Herausgeber der *Weltbühne* Siegfried Jacobsohn. Er selbst hatte ja schon in den Zeiten der *Schaubühne* politischen und juristisch geschulten Journalismus vorgeführt. Die Theaterkritiken Peter Panters und Ignaz Wrobels waren fast zu einem sich mit wöchentlicher Regelmäßigkeit wiederholenden festen Bestandteil des «Blättchens» geworden. *Rheinsberg* hatte längst seine begeisterten Leser gefunden, die durch die Lyrik Theobald Tigers aufgerüttelt waren. Das Kabarett verdankte Tucholsky manch zugkräftigen Text. Mißstände hatte Kaspar Hauser satirisch entlarvt und angeprangert, weit über 200 Bücher waren kundig besprochen. Die *Vossische Zeitung* und die *Weltbühne* erhielten aus Paris von ihrem Korrespondenten seit 1924 stets gehaltvolle Beiträge. Und scheinbar ganz nebenbei gedieh Sprachkritik. Wann immer Modewörter sich wie eine Epidemie ausbreiten, jagt Tucholsky sie nicht etwa wie ein gehässiger Querulant. Er begegnet den unnötigen Fremdwörtern nicht als pedantischer Purist, nicht als kleinlicher Sprachpfleger. Er setzt eigene Wortschöpfungen und wohl dosierte berlinische Redensarten gegen die von ihm verfolgten Phrasen. Und nicht aus beleidigter Besserwisserei erbost ihn der inflationäre Gebrauch von Fachwörtern in der Gemeinsprache.

Der Journalist Kurt Tucholsky begegnet seinen Lesern stets mit jener Hochachtung, die der Sprachkritiker Kurt Tucholsky als Leser gelegentlich vermissen muß: Seine Vorankündigung zum Auswahlband *Mit 5 PS*, Dank an den Verleger und versteckte Hommage an «S. J.» zugleich, gestattet einen Einblick in die harte, selbstkritische Arbeit des Sprachkenners Tucholsky:

Wenn einer sein eignes Buch anzeigt, zieht er gern die Augenbrauen hoch und spricht von den ‹Intentionen›, die er dabei gehabt hat. Ich muß erst von den Korrekturen sprechen.

Ich habe mir im Sommer in Dänemark zusammengeklebt, was unter der Obhut S. J.'s im Laufe der Zeit zustandegekommen ist – und als der Stoß Blätter vor mir lag, da sah es aus wie das glatteste Manuskript der Welt. Die Setzer würden es leicht haben... Aber dann fing ich an, der Schriftsteller-Krankheit zu erliegen, jener Besessenheit, die nichts aus der Hand geben kann, weil man es noch besser, noch sauberer, noch kürzer sagen kann – und die aufgeklebten ‹Weltbühnen›-Seiten ersoffen in Tinte. Dann wurde es – bei Ernst Rowohlt in Berlin – gesetzt.

Die Fahnen kamen an, und die Korrekturen-Masern brachen herein. Die Revision flog von Berlin nach Paris – und hier liegt nun der gewiß seltene Fall vor, daß sich ein Autor bei seinem Verleger einmal für die Geduld bedanken muß, mit der es jener ertrug, daß auf seine Kosten aus einem Semikolon ein Komma und wieder ein Semikolon und aus einem Ausrufungszeichen ein Punkt gemacht wurden. Wenn man seine Arbeit in der Korrektur liest, dann vibriert das ganze innere Literatursystem in leisem Zittern: was in aller Welt könnte man nun noch ändern –! Rowohlt hat während der ganzen Inkubationszeit kein Wort der Ungeduld laut werden lassen, und dafür möchte ich ihm die Hand drücken.

Denn daran kann ja kein Zweifel sein: «Sie schütteln doch Ihre Arbeiten aus dem Ärmel –!» Ja, im Ärmel...

So gewiß dieser Satz das schönste Kompliment für unsereinen ist, so gewiß hat es noch keinen Autor der leichten Form in Deutschland gegeben, der es nicht nötig gehabt hätte, sich zu entschuldigen, daß er auf der Welt ist.

Sprachkritik aus Tucholskys Feder vereint zornige Anklage und humorvolles Plädoyer, ist zugleich Sprachpflege und findet ein abgewogenes, strenges Urteil des Wohlmeinenden. Sie trifft die Beschränktheit des unbekümmerten Sprachbenutzers dort, wo er durch seinen Beamtenstil die Auswüchse menschenverachtender Bürokratie am Leben erhält. Gegen den schäbigen Militarismus setzt Tucholsky seinen Kampf mit den Mitteln der Sprachkritik fort. In seinem Plädoyer für Verständlichkeit und Klarheit der Aussage zieht er gegen die von ihm erkannten Sprachschludrigkeiten mit außergewöhnlichen Stilfiguren zu Felde, bietet sein starkes Arsenal auf, das die Anspielung auf Gegner, die Grammatikparodie und das Gebet enthält. Tucholsky bekämpft nicht mit den Waffen seiner Sprachglossen, was er mit der sprachlichen Hausapotheke zu kurieren hofft. Doch aus Lottchens unverwüstlichem Kodderschnäuzchen sprudelt Daddy prompt das Echo auf herkömmliche Sprachkritik entgegen:

«*Gar nichts. Ich habe gar nichts. Ich? Nichts. Nein...*
Frag nicht so dumm – man kann ja auch mal nicht guter Laune sein, kann man doch, wie? Ich habe gar nichts.
Nichts. Ach, laß mich. Na, ich denke eben nach. Meinst du, bloß ihr Männer denkt nach? Ich denke nach. Nein, kein Geld – meine Rechnungen sind alle bezahlt. Alle! Ich habe keinen Pfennig Schulden. Was? Keinen Pfennig. Bloß die Apotheke und das Aquarium, das ich mir neulich gekauft habe, und die Schneiderin und bei Kätchen. Sonst nichts. Na ja, und die fünfzig Mark bei Vopelius. Nein, wegen dem Geld ist es auch nicht. Wegen des Geldes! Was du bloß immer mit der Grammatik hast – die Hauptsache ist doch, daß ich Geld habe. Ich habe aber keins.»

Verstöße gegen in der Schule gelehrte Grammatik gehören nun einmal in die Sprachglossen sauertöpfischer Schulmeister, denen eine stumpfe Reaktion der sprachlich Belehrten genügt.
Weil aber sein Sprachgewissen nie ruht und weil er unter ständigen Barbarismen leidet, muß Daddy also – wieder – mit dem Mittel Sprachprivatissimum eingreifen.

«*Neschke kann warten; den brauchst du nicht bezahlen!*»
«*Zu bezahlen!*»

«Verbesser einen doch nicht immer! Das ist ja schlimmer wie ein Lehrer!»
«Als.»
«Wie?»
«Als. Schlimmer als ein Lehrer. Nach dem Komparativ...»
«Ist hier Grammatik, oder machen wir hier Kasse? Also weiter. Neschke wartet – er ist darin viel kulanter wie die Münchner.»
«Welche Münchner?»
«Ach... ich habe da auf der Reise... Daddy, du brauchst nicht gleich zu schreien, zu nach brauchen, ich war doch auf der Durchreise in München, und da habe ich so ein entzückendes Automäntelchen gesehn...»
«Mäntelchen ist schon faul. Wieviel?»
«......»
«Also wieviel?»
«Hundertundzwanzig. Aber ich trage es noch drei Jahre!»
«Diese Frau ist der Deckel zu meiner Urne. Ich vermag es fürder nicht. Fürder ist ein seltenes Wort, aber du bist auch selten. Sind das nun alle Schulden?»

Sein Ziel ist erreicht; der unterhaltsam, fast beiläufig belehrte, vielleicht kurierte Leser hat es bemerkt: der Sprachlehrer muß vor der unfreiwilligen Schülerin Lottchen schließlich kapitulieren...

Die Grenzen literaturwissenschaftlicher und biographischer Forschung überschreitend, nehmen sich Tucholskys Briefe dort am vergnüglichsten aus, wo ihre Empfänger auf «Tuchos» sprachliche Wachsamkeit treffen; ihr verdanken wir Reichhaltiges, für die Sprachwissenschaft Verwertbares aus der Zeit der Weimarer Republik.

Tucholskysche Sprachkritik meldet seismographisch zuverlässig, was die Jahre bis zum Zusammenbruch politisch und sprachlich unverwechselbar macht.

Problem, berühmt, menschlich, mit, kurz, relativ, sachlich, persönlich – neben den später von den Nationalsozialisten in besonderer Weise benutzten –, *gekonnt, aufziehen, Belang(e), hundertprozentig, Einstellung* werden von Tucholsky entlarvt und sprachglossengerecht angeprangert.

Muß hier schließlich noch hervorgehoben werden, daß Kurt Tucholsky, wie mir scheint, an manch einem bissigen Flüsterwitz das Urheberrecht hat –?

Ist hier daran zu erinnern, daß jene, die er der Lächerlichkeit preisgab, sich an ihm zu rächen versuchten, indem sie ihn ausbürgerten und seine Werke verbrannten –?

Kurt Tucholsky sagte einmal bescheiden:
«Sprache ist eine Waffe».

Grammatik in Latschen –
oder:
Ach, muß ich mich ééérgern –!

Ich persönlich freue mich immer, wenn ich auf das Wort ‹persönlich› stoße – ein zu dummes Wort. Manchmal wird es aus Bescheidenheit gebraucht; ‹ich persönlich› bedeutet dann: ‹ich für mein Teil, im Gegensatz zu andern, die vielleicht anders denken›, und manchmal wird es aus Wichtigtuerei gebraucht: ‹der Herr Präsident persönlich›.

Aber eine gradezu morgensternsche Anwendung dieses Wortes habe ich neulich in einer Anzeige gefunden. Die Besitzerin eines Schönheitssalons konnte nicht erscheinen, und daher sandte sie etwas. Nämlich ihre ‹persönliche Stellvertreterin›. Darüber kann man ganze Nächte nachdenken.

Peter Panter (1932)

Neudeutsch

Das Wort Neudeutsch ist nicht mit dem gleichnamigen Grünkohl zu verwechseln, obgleich ja beide aus der Zusammenziehung eines Adjektivs und eines Substantivs zu neuem Hauptwort und Begriff entstanden sind. Dieses Neudeutsch ist etwas ganz Furchtbares.

Wir wollen einmal zum guten Alten zurückgreifen und im Wustmann nachlesen, was denn da steht. Der gute alte Wustmann! Er hat sich wahrscheinlich eine Walze im Grab anbringen lassen, und da dreht er sich nun ununterbrochen herum, wenn er das hören muß, was man heutzutage so Sprache nennt. Er hat gesagt: «... die schönen neumodischen Zusammensetzungen, mit denen man sich jetzt spreizt, wie: Fremdsprache, Neuerkrankung, Erstdruck, Höchststundenzahl! Hier leimt man also einen Adjektivstamm vor das Hauptwort, statt einfach zu sagen: höchste Stundenzahl undsoweiter.» Und er fragt, worin denn das Abgeschmackte solcher Zusammensetzungen liege. Es gebe doch deren eine ganze Menge, wie Sauerkraut und Süßwasser, Hochverrat, Vollmacht und dergleichen mehr. Und er fährt zu rechten fort – hör zu, o Neuzeit! «Nun stecken dem Deutschen zwei Narrheiten tief im Blute: erstens, sich womöglich immer auf irgendein Fach hinauszuspielen, mit Fachausdrücken um sich zu werfen, jeden Quark anscheinend zum Fachausdruck zu stempeln; zweitens, sich immer den Anschein zu geben, als ob man die Fachausdrücke aller Fächer und folglich die Fächer auch selbst verstünde. Wenn es ein paar Buchhändlern beliebt, plötzlich von Neuauflagen zu reden, so denkt der junge Privatdozent: Aha! Neuauflage – schöner neuer Terminus des Buchhandels, will ich mir merken und bei der nächsten Gelegenheit anbringen. Der gewöhnliche Mensch sehnt sich nach frischer Luft. Wenn aber ein Techniker eine Ventilationsanlage macht, so beseitigt er die Abluft und sorgt für Frischluft. Im gewöhnlichen Leben spricht man von einem großen Feuer. Das kann aber die Feuerwehr doch nicht tun; so gut sie ihre Spritzen und ihre Helme hat, muß sie auch ihre Wörter haben. Der Branddirektor kennt also nur Großfeuer.»

Hörst du, wie er sich dreht? Und das täte auch ich im Grabe, wenn ich das mitanhören müßte, was sich heute begibt. Da gibt es einen Großkampftag und eine Großpatrouille und einen Feindangriff und Altkleider und Frischwasser und Frischgemüse und alles Mögliche gibt es, nur keine anständigen richtigen deutschen Wörter. Sondern ein lallendes Gestammel wichtigtuerischer Journalisten und aufgeblähter Bürokraten. Man hört ordentlich, wie der, der so ein scheußliches Wort sagt, mit der göttlichen, ‹beziehungsweise› deutschen Weltordnung im reinen ist und artig die Wörter nachplappert, die eine vorgesetzte Dienststelle zuerst gebraucht hat. Und dieses Zeugs sickert von den politischen Aufsätzen langsam in die Sprache ein, und nächstens wird einer noch etwas darauf reimen.

Nichts aber, Wustmann, der du dich noch immer drehst, geht über das schöne teutsche Wort Belange. Das habe ich mir nicht ausgedacht; das ist neudeutsch und heißt: Interessen. Nun hat mein kleines Fremdwörterlexikon von Lohmeyer, das der Deutsche Sprachverein herausgegeben hat, für Interesse allerhand Verdeutschungen, aber um sich jeweils eine herauszusuchen, die paßt, muß man Sprachgefühl haben, und das haben sie nicht. Dafür schreiben sie (die ‹Süddeutschen Monatshefte›) so: «Abwägung einander entgegenstehender Belange und dementsprechend Hintansetzung eines an sich zweifellos bestehenden aber in dem vorliegenden Widerstreit als minderwichtig erfundenen Rechts lassen ja selbst bürgerliche Rechtsordnungen wie die unsre in gewissen Fällen, besonders im Notstand, zu.»

Es wäre nun viel belangerer gewesen, wenn der Verfasser dieses Sätzchens ruhig Interessen geschrieben hätte, aber dafür alles andre deutsch; leider hat ers umgekehrt gemacht. (‹Zulassen› ist viel zu weit auseinandergerissen, ‹zu› klappt hinten nach; der Genetiv ‹Rechts› ist mit Partizipien überlastet; in den dicken Blöcken der langweiligen Substantive liegt ein kleines Rinnsal eingebettet: das Verbchen ‹lassen›. Chinese.)

Sie lernens nicht. Und es ist schon das Gescheiteste, sie mit all ihren schönen neudeutschen Telegramm-Wörtern, ihrem Übersetzungsdrehwurm und ihrem Fachwörterkram stehen und liegen zu lassen und sich ‹seinerseits› einer anständigen und saubern Ausdrucksweise zu befleißigen. Das Neudeutsch aber soll der

Teufel holen. Und der wird sich schwer hüten: denn der Teufel ist ein Mann von Jahrhunderte altem Geschmack.

Peter Panter (1918)

Antwort

Der Verfasser von ‹Neudeutsch› (in Nummer 45) wird sich über den Kronzeugen Schopenhauer freuen. «Ohne Umstände zieht jeder Skribler Substantiv und Adjektiv zu Einem Wort zusammen und sieht dabei triumphierend auf seine verblüfften Leser. Statt ‹dunkles Zimmer› Dunkelzimmer; statt die ‹ganze Länge› die Gesamtlänge – und so in hundert Fällen aus Adjektiv und Substantiv Ein Wort gemacht! wozu, wozu! – aus der schmutzigsten Raumersparnis Eines Buchstabens und des Interstitiums zwischen zwei Worten. Und bei solchen niederträchtigen Schlichen ist noch dazu eine gewisse Selbstgefälligkeit unverkennbar; triumphierend bringt jeder, als Probe seines Witzes, eine neue Sprachverhunzung zu Markte. Olympische Götter! gibt es einen peinlicheren Anblick als den des exultierenden, zufriedenen Unverstandes? Übertrifft er nicht sogar den der kokettierenden Häßlichkeiten?» Es ist Ehrenpflicht jedes deutschen Redakteurs, diesen Unfug aus seinem Gebiet auszumerzen. Fege jeder vor seiner Tür! Wir wollen kein Neudeutsch, sondern ein gutes Deutsch!

Ignaz Wrobel (1918)

‹Aufgezogen›

Die deutsche Sprache ist um ein schönes Wort reicher. Erfunden haben es die Offiziere im Krieg, und so ist es ins Volk gedrungen, und weil es das ist, was der lateinische Grammatiker eine ‹vox media› nennt – wir anderen sagen: Verlegenheitswort –, so erfreut es sich großer Beliebtheit und wird beinahe so oft angewandt wie ‹nicht wahr?› – Das neue Wort heißt ‹aufziehen›.

Für ‹aufziehen› hat Sanders zwölf Erklärungen, aber die neue ist nicht dabei. Man zieht ein Uhrwerk auf, die Segel werden aufgezogen, die Wache zieht auf, und die Wolken ziehen auf, man zieht jemanden auf, verspottet ihn... aber Sanders, der gute, alte Mann, wußte noch nicht, daß man auch einen ‹Laden aufziehen› kann. Einen Laden aufziehen – das heißt: Schwung in die Sache bringen. ‹Das Geschäft wird ganz groß aufgezogen› – das heißt: es steht auf finanziell breiter Basis. ‹Wir werden das Ding schon aufziehen› – das heißt: wir werden es schon machen.

Aber nun gehts weiter: Fragen werden aufgezogen, Untersuchungen werden aufgezogen, eine Propaganda ist gut aufgezogen, es ist so ein richtiges Soldatenwort, denn es paßt immer.

Wustmann nennt solche Wörter Modewörter, – sie kommen und gehen und lange gehalten hat sich noch keines. Wer sagt heute noch ‹voll und ganz› ohne die Anführungsstriche mitzusprechen? Wer sagt noch ernsthaft ‹unentwegt›? Wer ‹naturgemäß›? Von ‹schneidig› ganz zu schweigen. Man trägt sie alle nicht mehr.

Es ist eine neue Zeit aufgezogen, in der die Soldaten nicht mehr so aufziehen wie früher, und wenn wir die neuen Vorschriften auf Pappe aufziehen, sehen wir, daß wir andere Kinder aufziehen als damals. Aber immerhin: es wird schon werden. Wir müssen es nur richtig aufziehen.

Peter Panter (1919)

«Deutsch»

Wenn heute einer in Glauchau geboren und in Insterburg gestorben ist, dann rühmen ihm die Nekrologe nach, er sei ein «echt deutscher Mann» gewesen. Was soll er denn sonst gewesen sein? Ein Neger? Ein Kalulu-Indianer? Ein Eskimo? Natürlich war er echt deutsch. Aber man trägt das jetzt so.

Die ganze Borniertheit des Nationalismus spricht aus diesem Adjektiv. Es genügt, irgendeinem Krümel das Epitheton «deutsch» anzuhängen, und Kaffeemaschine, Universitätsprofessor und Abführmittel haben ihr Lob weg. Der Ursprungsort, der in den meisten Fällen selbstverständlich ist, wird in eine positive Bewertung umgelogen, und das ganze Land kriegt mit der Zeit den Größenwahn. Man kann keine Zeitschrift aufschlagen, ohne daß einem auf jeder Seite dreimal versichert wird, dieses sei deutsch, jener habe deutsch gehandelt, und der dritte habe nach deutscher Art Konkurs oder sonstwas gemacht.

Darin liegt nun nicht nur: Lob des Deutschtums – was noch erträglich und verständlich wäre, sondern der Ausschluß der gesamten übrigen Welt von obgesagten guten Eigenschaften. Das Kinderlied «Deutschland, Deutschland über alles» mit seinem Sammelsorium von deutschen Weinen, deutschen Zigarrenkisten und deutschen Fehlfarben hat da viel Unheil angerichtet. «In echt deutscher Treue...?» Gibt es südamerikanische Treue? Malaiische? Hinterborneosche? Vielleicht gibt es sie, aber sie ist nicht so schön, so garantiert regenfest, nicht so «echt-deutsch». Ford kann für seine Wagen keine tollere Reklame machen als diese Echt-Deutschen.

Rührend ist an den Kirchturmnationalisten, daß sie alle wähnen, die gesamte Welt sei mit ihnen einig, bewundere, liebe und fürchte sie. Der Lieblingspoet meines Reichspräsidenten (ich weiß nie, ob er auch noch andere deutsche Dichter kennt), der echtdeutsche Hoffmann von Deutsch-Fallersleben, hat es ja schriftlich: jene von ihm benannten Substantive «sollen in der Welt behalten ihren alten guten Klang».

«Moi, je prends une orangeade, mais une allemande!» sagen die Pariser Chauffeure.

Aber es gibt ein altes Gesetz: je kleiner die Stationen sind, desto lauter werden die Namen ausgerufen. «Lippoldswerder!» brüllen die Schaffner, achtmal. In Berlin ruft keiner. Es versteht sich von selbst.

Ignaz Wrobel (1924)

Die Angelegenheit

Bei meiner Jagd auf Modewörter springt ein seltsam schwarzweiß gestreiftes Ding durch die Grammatik-Bäume, ich lege an, es bekommt die Ironie-Ladung grade in den... ich habe vergessen, wie wir Jäger diesen Teil des Wildes nennen, und als ich näher trete, erkenne ich die Beute. Es ist ‹die Angelegenheit›. Das ist ja eine dolle Angelegenheit.

In dem Wort schnoddert so viel Offizierskasino, und dorther kommt es wohl auch. Noch vor drei Jahren gebrauchte man den Ausdruck richtig für ‹affaire›, für ein Gefüge von Ereignissen, Sachen, Personen, die alle zusammen eine Angelegenheit ausmachten. Das hat sich geändert.

Der Gebrauch des Wortes hat sich zunächst ausgedehnt; es wird, wie fast alle Modewörter, wahllos auf halbfertiggedachte Begriffe angewendet, so daß eine Definition kaum noch möglich ist. Alles ist eine Angelegenheit, und sie geht selten ohne Adjektiv aus. Sie hat leicht pejorativen Sinn; wenn einer ‹Angelegenheit› sagt oder schreibt, ist es, als rümpfe er verächtlich die Nase.

‹Angelegenheit› wird auch recht reizvoll burschikos verwandt. «Martha – eine verwandtschaftliche Angelegenheit.» Auch wird das Wort da gesetzt, wo früher ein Adjektiv stand, also etwa so: «Das Stück ist eine verjährte Angelegenheit» – es klingt mondäner, mehr aus der linken la main, wir schreiben das zwischen Frühstück und Golf.

Neulich traf die Angelegenheit im Walde ein Tier, das ihm merkwürdig ähnlich sah. Sie beschnupperten sich, sie waren sich sympathisch, sie konnten sich riechen. «Wer bist du?» sagte die Angelegenheit. Das andre Tier hob stolz den Podex. «Ich bin das Problem –!» sagte es. «Ah – drum!» sagte die Angelegenheit. Und im frischen Waldesgrün zeugten sie ein Kind, das hieß: Einstellung.

Mit Hilfe dieser Wörter fallen den Schreibern die fertigen Artikel aus dem Munde, es genügt, diese Ausdrücke aneinanderzusetzen, und man hat einen Aufsatz. «Meine Einstellung zu diesem Problem ist irgendwie eine komische Angelegenheit.» Es ist, wie wenn ein Kommis ein Monokel trägt. Eine halbe Brille.

Peter Panter (1926)

Der neudeutsche Stil

«Ah – die Herren sprechen geistreich
aus dem Munde?» Käthe Erlholz

Leser mit einem ausrasierten Vollbart besinnen sich vielleicht auf Leo Berg, den ungewöhnlich gebildeten und begabten Kritiker aus dem Anfang des Jahrhunderts, der unter anderm einen grimmen Kampf mit Wilhelm Bölsche, dem Pächter des Liebeslebens in der Natur, geführt hat. Dem warf er rechtens neben der Verlogenheit seiner Embryonal- und Ei-Lyrik auch seinen Stil vor, oder vielmehr: natürlich seinen Stil vor, da ja eins aus dem andern, der Stil aus der Gesinnung hervorgegangen war. Beschäftigt man sich heute mit vergilbten Büchern und Tagesbroschüren des fin de siècle, so muten einen die Terminologie, das Vokabularium, die Ausdrucksweise unsäglich komisch an. Kunst bleibt. Mode von gestern ist lächerlich.

Manche ist schon heute von gestern. Da bekomme ich ein Buch zugeschickt: ‹Girlkultur› von Fritz Giese; das Buch trägt den Untertitel: ‹*Vergleiche zwischen amerikanischem und europäischem Rhythmus und Lebensgefühl*›. Der Verfasser, ein beachtenswerter, sauberer Schriftsteller, der gute Bücher geschrieben hat, so ein mustergültiges über Kinderpoesie, hat dieses Mal in einen bösen Topf mit Schleim gegriffen: in den modernen Literatenjargon.

Aber er ist einer von Hunderten. Nachdem ich mir die schönen und interessanten sechsundfünfzig Fotografien angesehen habe, fange ich an zu lesen und erkenne einen Stil, der einer ganzen modischen Schule gemeinsam ist, und ich lese und lese und gebe es, erschöpft, dreiunddreißigmal wieder auf und fange von neuem an und werde ohnmächtig hinausgetragen...

Und ich würde, schon des mir bekannten Autors wegen, schonungsvoll über dieses Malheur schweigen, wenn nicht fast alle so schrieben, in Zeitungen, Büchern und Zeitschriften; wenn es nicht eine verdammte Unsitte wäre, solche überfütterten Sätze auch noch zu sprechen; wenn nicht dieser Stil Allgemeingut wäre, so aufgequollen, so übermästet, mit solchen Stopflebern im Hals. Vom Clown Edschmid wollen wir gar nicht reden.

«Von einer Unanständigkeit und einer Wiederbelebung mittelalterlicher Dichtheit und Kompaktheit der Formung, die an Squenz und Straparola erinnert, und die ich in der Fülle der Muskulatur der Phantasie heutigen Deutschen nicht zugetraut.» Soweit über einen Sechserhumoristen; aber das ist noch gar nichts. Die ganze Klasse mauschelt schon.

Die Kennzeichen des neudeutschen Stils sind: innere Unwahrhaftigkeit; Überladung mit überflüssigen Fremdwörtern, vor denen der ärgste Purist recht behält; ausgiebige Verwendung von Modewörtern; die grauenhafte Unsitte, sich mit Klammern (als könne mans vor Einfällen gar nicht aushalten) und Gedankenstrichen dauernd selber – bevor es ein anderer tut – zu unterbrechen, und so (beiläufig) andere Leute zu kopieren und dem Leser – mag er sich doch daran gewöhnen! – die größte Qual zu bereiten; Aufplusterung der einfachsten Gedanken zu einer wunderkindhaften und gequollenen Form.

Im Anfang war das Problem. Was mit diesem Wort in Deutschland zur Zeit für ein Unfug getrieben wird, spottet jeder Beschreibung, die wahrheitsgetreu angeben müßte, daß dieser verblasene Ausdruck nun zum Glück auf die gebildeten Köchinnen heruntergekommen ist. Eine illustrierte sozialdemokratische Zeitschrift beschrieb neulich in Bildern, wie junge Lehrer in einem Heim ausgebildet werden. Fotografie: die jungen Leute unterhalten sich, Butterbrot essend, vor der Tür. Unterschrift: Pausenprobleme. «Na jewiß doch», sagt Hauptmanns Schiffer Julian Wolff. «Da soll er man immer machen, det er hinkommt –!»

Der gesamte neudeutsche Stil wimmelt von ‹Problemen›. Das ist ein Modewort genau wie: Einstellung, Symptom, gekonnt, Absenkung, Überbau – was diese beiden bedeuten, ahne ich nicht – und: irgendwie... Dieses ‹irgendwie› heißt überhaupt nichts; man kann es einfach weglassen, ohne daß sich der Sinn des Satzes ändert, es drückt nur die Schludrigkeit des Autors aus, der zu faul war, scharf zu formulieren.

Die Wandervögel, die Kunsthistoriker, die Tanzphilosophen, die Nationalökonomen verfügen jeweils über einen schönen Vokabelschatz von Modewörtern, die man, ohne Unheil anzurichten, beliebig durcheinanderwerfen kann. Kaum ein Gedanke wird durchgeführt, ohne daß der gebildete Autor drei andere einschiebt. Alles wird angeschlagen, nichts wird zu Ende gedacht, die ‹Komplexe› häufen sich, und wie verdeckte Bleikessel werden Begriffe, Personen, Anspielungen herumgereicht. Man höre sich das an: «Wir haben niemals Optimismus kultiviert. Niemals kannten wir jene Einstellung, die das Lachen will.» Und: «Dieses Lachen ist eine Haltungsweise, die zwei andere Möglichkeiten differenzieren läßt.» Heiliger Simmel! Man kann gewiß nicht alles simpel sagen, aber man kann es einfach sagen. Und tut man es nicht, so ist das ein Zeichen, daß die Denkarbeit noch nicht beendet war. Es gibt nur sehr, sehr wenige Dinge in der Welt, die sich der glasklaren Darstellung entziehen. Hier ist Schwulst Vorwand. Mensch, sag Problem –!

Und hast du es gesagt: dann laß den Artikel weg. Sag nicht: «Die Auswanderung ließ nach.» Wo kämen wir da hin! Sag: «Emigration ist ein völkergeschichtliches Problem, dessen Diminution zu dieser Epoche ein beachtliches Phänomen darstellt.» Und sag immer dazu, in welche Wissenschaft das gehört, was du gerade erzählst, sag: «Wir haben also zwei rhythmische Erlebnisse heute, und es fragt sich dann nur rein erzieherisch, ob wir…» Haben Sie sich schon mal rein erzieherisch gefragt? Ich nicht.

Der Ursprung dieser dritten schlesischen Dichterschule fällt ungefähr in die Zeit des Krieges. War damals ein ‹Exposé› zu verfertigen, so hatte der reklamierte Reservehauptmann das größte Interesse daran, seinen Pflichtenkreis so weit wie möglich zu schlagen, und wenn er Bohnen anforderte, sprach er bombastisch wie ein Narr von Shakespeare. Statt daß die Literatur den gesunden Menschenverstand der Kaufleute annahm, wurden die Schleichhändler zu Philosophen, und es gibt heute in Deutschland kaum einen längern Geschäftsbrief, worin nicht eingestellt und tendiert und symptomatisiert wird. Es ist einfach eine Modesache; wer früher von Blauveiglein sang, der sagt heute: «Die Elemente unserer naiven Menschenvorstellung sind in dieser Kunst zu Gebilden einer höhern Organisationsstufe umgewandelt.» Früher Baumbach – heute: «Geistige Ebene der Tiefenschicht.» Dieser Stil läuft von ganz allein; man braucht nur einige dieser abstrakten Begriffe aufs Rad zu setzen, und das Rennen geht vor sich. Und alle diese Rennbrüder zusammen fallen wohl unter die Erklärung Knut Hamsuns:

«Die Literatur schwoll an. Sie popularisierte die Wissenschaft, behandelte die sozialen Fragen, reformierte die Institutionen. Auf dem Theater konnte man Doktor Ranks Rücken und Oswalds Gehirn dramatisiert sehen, und in den Romanen war noch freierer Spielraum, Spielraum sogar für Diskussionen über fehlerhafte Bibelübersetzung. Die Dichter wurden Leute mit Ansichten über alles; die Menschen fragten sich untereinander, was wohl die Dichter über die Evolutionstheorie dächten, was Zola über die Erblichkeitsgesetze herausgefunden, was Strindberg in der Chemie entdeckt habe. Daraus ergab sich, daß die Dichter zu einem Platz im Leben aufrückten, wie sie ihn nie vorher innegehabt hatten. Sie wurden Lehrer des Volkes, sie wußten und lehrten alles. Die Journalisten interviewten sie über den ewigen Frieden, über Religion und Weltpolitik, und sobald einmal in einer ausländischen Zeitung eine Notiz über sie stand, druckten die heimischen Blätter sie sofort ab, zum Beweis, was ihre Dichter für Kerle wären. Schließlich mußte ja den Leuten die Vorstellung beigebracht werden, daß ihre Dichter Weltbezwinger seien, sie griffen übermächtig in das Geistesleben der Zeit ein, sie brachten ganze Völkerschaften zum Grübeln. Diese tägliche Prahlerei mußte natürlich zuletzt auf Männer, die schon vorher Hang zur Pose gehabt hatten, wirken. Du bist ja ein wahrer Teufelskerl geworden! sagten sie wohl auch zu sich selbst. Es steht in allen Blättern, und alle Welt sagt es, also ist es wohl so! Und da die Völker niemand andern dazu hatten, so wurden die Dichter auch Denker, und sie nahmen den Platz ein, ohne Widerspruch, ohne ein Lächeln. Sie hatten vielleicht so viel philosophische Kenntnisse, wie jeder notdürftig gebildete Mensch hat, und mit dieser Grundlage stellten sie sich also auf ein Bein, runzelten die Stirn und verkündeten dem Zeitalter Philosophie.»

Und in welcher Form! Geschwollen, stuckbeklebt, behängt von oben bis unten. Giese, der übrigens nicht alle herangezogenen Beispiele verschuldet hat: «Als soziologisches Kräfteverhältnis erinnert Amerika etwas an deutsches Mittelalter.» Daß nicht die Küchen beider Länder und Epochen verglichen werden sollen, geht aus dem Buch klar hervor. Die Worte «als soziologisches Kräfteverhältnis» sind also nichts als gespreizte Wichtigmacherei.

Führt man das verdreht gewordene Vokabular der Essayisten auf seine Elemente zurück, so bleiben etwa hundertunddrei Vorstellungen, die immer wiederkehren, immer wieder: Rhythmus und Genius und Typus und Apperzeption und Freud und falsch verstandene Salonhistorie und ein Spiel mit halbem Wissen, das verlogen ist bis in seine Grundtiefen. Begabte Oberprimaner. Und sie sehen es noch nicht einmal, was sie da anrichten! «Man wird der geistigen Jugend von heute einmal alles Mögliche absprechen können, man wird ihr jedoch zubilligen müssen, daß sie schärfer als je eine frühere auf phrasenlose Wahrheit drang, und daß sie an nichts so wenig zu wünschen übrig ließ wie an Wirklichkeitssinn.» Der sieht so aus: «Wahrheit ist an sich Zielhaftes. Wir gehen unter dem Zügelband des Gewissens nicht in voller intellektueller Freiheit auf sie zu. Der, der die Wirklichkeit liebt, bleibt dagegen am Ort. Er hat nur die Funktion der Erkenntnis. Sein äußerstes Los ist das des gebärenden Gestalters: nämlich aus dem empfangenden Schauenden Nachschöpfer des Hingenommenen, Sichtbarmacher und Sinnlichträger der erfaßten herrenhaften Substanz der Weltenbilder zu werden.»

Also spricht der Weise:

«Statt auf jede Weise berühmt zu seyn, seinem Leser deutlich zu werden, scheint er ihm oft neckend zuzurufen: ‹Gelt, du kannst nicht rathen, was ich mir dabei denke!› Wenn nun jener, statt zu antworten: ‹Darum werd' ich mich den Teufel scheeren› und das Buch wegzuwerfen, sich vergeblich daran abmüht, so denkt er am Ende, es müsse doch etwas Höchstgescheutes, nämlich sogar seine Fassungskraft Übersteigendes seyn und nennt nun, mit hohen Augenbrauen, seinen Autor einen tiefsinnigen Denker.» Und: «Nun, da wird die arg- und urtheilslose Jugend auch solches Zeug verehren, wird eben denken, in solchem Abrakadabra müsse ja wohl die Philosophie bestehn, und wird davongehen mit einem gelehrten Kopf, in welchem fortan bloße

Worte für Gedanken gelten, mithin auf immer unfähig, wirkliche Gedanken hervorzubringen, also kastriert am Geiste.» Sowie: «Als einen belustigenden Charakterzug des Philosophierens dieser Gewerbsleute habe ich schon oben bei Gelegenheit der ‹synthetischen Apperzeption› gezeigt, daß, obwohl sie Kants Philosophie, als ihnen sehr unbequem, zudem viel zu ernsthaft, nicht gebrauchen, auch solche nicht mehr recht verstehen können, sie dennoch gern, um ihrem Geschwätze einen wissenschaftlichen Anstrich zu geben, mit Ausdrücken aus derselben um sich werfen, ungefähr wie die Kinder mit des Papas Hut, Stock und Degen spielen.»

Sich auch noch etwas auf seine Fehler einzubilden –! Giese zum Beispiel spricht von deutschen Professoren, die nach Amerika gegangen sind. «Es ist amüsant zu sehen, wie oft in diesen Professorenbüchern, etwa bei Behandlung des Lohnproblems, der der Achtstundenarbeitszeit, schüchterne Fragen und Andeutungen erfolgen, die über die Zahl, über das Formale hinausgehen wollen.» Ich weiß nicht, auf wen das zielt. Wenn er aber den Professor Julius Hirsch meint, der neulich ‹Das amerikanische Wirtschaftswunder› hat erscheinen lassen, dann gehört ihm eins auf die Finger. Es ist gar nicht amüsant zu sehen, mit welcher Überheblichkeit ein Fremdwörterlexikon einen so kenntnisreichen, vernünftigen und klaren Mann abzutun versucht. Gebe Gott, Giese, auch Ihr Buch hätte erzieherisch-stilistisch irgendwie diese hochwertigen Tendenzqualitäten...

Das Modedeutsch der wiener und berliner Schmalzküchen mit den frech hingenuschelten ‹Nebenbeis› und der Bildungsmayonnaise, diese künstlich hochgetriebene Hefebildung, dieser neudeutsche Stil hat wie eine Seuche um sich gegriffen. Jeder Barbier spricht von ‹kulturbedingter Motorik der Neger›, und man wird nicht glauben, wie komisch dergleichen im Jahre 1940 aussehen wird. Aber da wird es ja auch niemand mehr lesen.

Wer ist in Deutschland heute einfach? Die Schafsköpfe. Rudolf Herzog. Die treudeutschen Oberförster. Wenn sie nicht den schrecklichsten der Schrecken vollführen: die germanische Nachahmung romanischer Beweglichkeit. Aber ist es nicht eine Schande, daß die andern ‹simpel› und ‹einfach› verwechseln? Sie denken im Grunde nicht komplizierter als du und ich. Doch diese Knaben haben Nietzsche gelesen und falsch gelesen, und Simmel verdaut, aber halb verdaut, und Spengler ausgelacht und sich angesteckt.

Kommt hinzu, daß jeder ein Fachmann für jedes sein will, daß keiner ums Verrecken zugeben möchte, er verstehe etwa von einer Sache nichts; kommt dazu, daß sie, analog ihren Vorfahren, den wallenden Oberlehrern, in das Leben Papiermühlen voll ‹rhythmischer Typen› hineininterpretieren, mit denen sie sich wichtig machen wollen: so darf gesagt werden, daß der neudeutsche Stil ein wahrer Ausdruck der nachwilhelminischen Epoche ist. Preußisches Barock.

Ich habe oft genug zum Spaß versucht, für französische Freunde dies oder jenes aus solcher Literatur ins Französische zu übersetzen, und daß es mir nicht gelungen ist, liegt sicherlich auch an mir. Aber meistens fehlte es mir nicht am Französischen, sondern an Verständnis für dieses Rackerlatein. Und dabei kommt man nicht nur zu der Erkenntnis, daß: «Was steckt an Kulturgut in ihr? Was ist bedingt daran durch ein Anderssein als wir» – daß es dergleichen im Französischen nicht gibt: man entdeckt auch rasch etwas anderes. Daß es das überhaupt nicht gibt. Und nun will ich euch einmal etwas sagen.

Als sich Emil Jannings eines Winters im Harz erholte, da saß im Hotel bei den Mahlzeiten ein piekfeines Paar: er klein und dick, aber gescheitelt vom Kopf bis zur Sohle, sie so elegant, wie sich Frau Potzekuchen Paris vorstellt. Sie sprachen wenig, hauchten nur hier und da ein paar Worte. So fein waren sie.

Und eines schönen Schneetages, als Emil gerade im Gelände umherschlenderte, da sah er sie kommen, ohne von ihnen bemerkt zu werden. Er stellte sich hinter vier Fichten, machte sich dünn, Schauspieler können alles, und wartete ab. Das Paar stapfte heran: sie voran, in hocheleganter Sweater – gute Ware! – und er hinterher, klein und dick. Und da hörte Emil zum erstenmal während seines Aufenthalts das feine Paar laut sprechen.

Sie wandte den Kopf halb herum und sagte das erlösende Wort, eines, das der ganzen Qual eines gedrückten Herzens

Luft machte: «Wenn ich bloß dein dämliches Gequatsche nicht mehr anzuhören brauchte –!»

Gott segne den neudeutschen Stil.

Peter Panter (1926)

Das ‹Menschliche›

Das Wort ist seit etwa zehn Jahren in die Umgangssprache eingegangen: ‹menschlich›. – Herr Kulicke sagt: «Ich habe eine Enttäuschung an ihm erlebt – menschlich.» – Und: «Wie ist er menschlich?» Das ist so zu erklären:

Deutschland ist, wie seine Sprache in tausend Einzelheiten anzeigt, so verfachlicht, in Berufskategorien eingeteilt, ständisch schematisiert, daß es immer besonders hervorgehoben werden muß, wenn jemand den andern nicht ‹als› Kommunalbeamten ansieht, sondern als das, was er wirklich ist. Die Fiktion, jemand könne nur ‹dienstlich› etwas tun, jemand habe überhaupt den Anspruch, nur sachlich und fachlich gewertet zu werden, rächt sich bitter: sie treibt den Wesensgehalt scheinbar aus dem Menschen aus, aber er kommt fürchterlich zurück, und meist verborgen. Was eine herrliche Gelegenheit ist, Verantwortungen von sich abzuwälzen, sich hinter den Dienst zu verkriechen und wesenlose Schemen eine Verantwortung tragen zu lassen, die das Individuum zu tragen zu feige und zu charakterlos ist.

Wie so viele Fachwörter der falschen Innerlichkeit heißt das Wort ‹menschlich› in Wirklichkeit etwa: ‹und überhaupt und so› – denn eine exakte Bedeutung ist da nicht zu finden. Die Entdeckung eben dieses Menschlichen hinter dem Fachwerk der Berufseitelkeiten ist lustig genug – vollkommen irreal und in Wahrheit nicht vorhanden. Der zweite Bürgermeister tut sich etwas darauf zugute, nur Beamter im Dienst zu sein und nichts als das – das ‹Menschliche› holt er in Mußestunden hervor und zu ganz besonders schönen Anlässen – dann heißt dergleichen ‹human›. Es ist die ehemals preußische Furcht darin, alles Menschliche sei von vornherein verdächtig, unangemessen, ungehörig – und es wird darum verjagt wie Singvögel von einem Kasernenhof.

Unsere Schlagwortsprache ist zur Zeit ein bißchen gedunsen – ‹menschlich› ist eine der zahlreichen Beulen, die zu verarzten wären. In diesem modernen Seelenjargon ist so viel schwerer Augenaufschlag, so viel falsches Drama, so viel Romankram. Die Trivialität kleidet sich heute so schön bunt und apart, daß nichts Apartes übrig bleibt – Originalität ist zum Schluß eine banale Mode, die ja auch manchmal darin bestehen kann, um Gottes willen nicht originell zu sein.

«Sie ist menschlich schon sehr fein...» (man beachte das scheußliche ‹schon›, das wie eine falsche Perle in der Kunstseide dieses Satzes blinkt). Natürlich ist sie ‹menschlich› sehr fein – wie denn: Welch Unfug, durch solche Adverbia alles kastenmäßig einzuordnen! Aber das trägt man so. Und es ist recht beliebt.

Das wäre ja nun nichts als ein Aufputz billiger Waren durch ein billiges Goldfädchen, wenn sich die Fabrikanten nicht gar so bedeutend vorkämen, so geschwollen, so kompliziert, so seelisch verwickelt. Und sind doch nur armselige Straßenhändler von Massenartikeln.

In der Industrie hat man das längst heraus; eine gute, brauchbare Ware täuscht kein falsches Material mehr vor, das ist vorbei – und täuscht vor allem nicht vor, eine Handarbeit zu sein. Wir wissen, daß die Handarbeit für den Luxus oder die Liebhaberei reserviert ist; wir andern haben uns im täglichen Leben mit Massenfabrikaten zu behelfen, nein: uns ihrer zu bedienen – und Aufgabe der Industrie ist es, diesen Massenartikel, so ornamentlos, so sauber, so glatt, so billig und so praktisch wie möglich herzustellen. Ford.

Aber im Seelischen haperts. Da wird ‹menschlich› gemogelt. Da spukt das gute alte Handwerk, das schlechte alte Handwerk, Biedermeier, falsche Individualisation, kleine Eigenarten zu eins fünfzig und der ganze Humbug einer Privatseele. In summa: der Mensch zu dieser Zeit ist in Mitteleuropa noch nicht geboren – er hinkt den Ereignissen um ein betrübliches nach. Schade – er wäre ‹menschlich› höher zu werten, wenn er seine Zeit und sich selbst begriffe.

Die unerbittliche Wirtschaft nivelliert erbarmungslos; die

Leute wohnen schon unverlogener, besonders in Deutschland; sie disponieren mit ihrem Geld genau der harten Wirklichkeit entsprechend. Die Rache des Individuums, das sich vergewaltigt fühlt, wirft sich aufs ‹Menschliche› und will mit aller Gewalt, bockend, zurück. Vergebens. Es wird nach vorn gerissen, es muß, es muß.

Hoffen wir, daß die ‹Menschlichen› des Jahres 1980 soweit sind, wie die Welt aus dem Jahre 1926. Dann wäre sie sachlicher und weniger unmenschlich.

Peter Panter (1927)

‹mit›

Daß es ernsthafte Verlage gibt, deren Lektoren Vokabeln wie ‹unerhört›, ‹fabelhaft› und «ein unmögliches Hotel» durchgehn lassen, ohne daß der Schreibersmann damit die Sprachverschluderung von Snobs charakterisieren wollte, vielmehr die eigne aufzeigt, mag angemerkt werden. Diese großstädtischen Kleinstädter glauben wirklich, daß ihr ‹Kreis› die Welt darstelle oder zum mindesten die Pyramidenspitze der Welt.

Diese Sprachverderber, denen die vierhundert Modewörter fertig aus dem Munde kollern, und die keinen Satz mehr ohne ‹menschlich› und ‹ihn als Menschen› schreiben können, geben noch dem ärgsten Puristen recht, der der Meinung ist, daß man auch ohne ‹halluzinative Substantive› auskommen könne. «Diese undeskriptiven Substantive sind gehirnlich-empfindsame Summationen...» Kann man das auch auf deutsch sagen? Nein, das kann man freilich nicht auf deutsch sagen.

Und wenn die Grammatik in diesen Sprachsumpf taucht, dann bringt sie etwas ans Licht, das heißt: ‹mit›. Und sieht so aus:

Friedrich Nietzsche hat den snobistischen Superlativ erfunden; er milderte ihn durch ‹vielleicht›. Er schrieb fast nie: «Dieses Buch war im achtzehnten Jahrhundert von sehr großem Einfluß», sondern er liebte es zu sagen: «Dieses Buch hat im achtzehnten Jahrhundert vielleicht den größten Einfluß...» Die Schönheit der Prosa dieses Philosophen hat manche Früchte getragen; seine kleinen Höcker trägt die ganze Familie. «M. ist vielleicht unser größter deutscher Journalist», schreibt ein Reporter vom andern, das klingt, und darin steckt vor allem die Fiktion, als habe der Schreibende sämtliche deutsche Journalisten vor Augen, wähle unter ihnen aus, erwähle sich nun diesen einen... und er verdickt die Lüge, indem er sie durch ‹vielleicht› scheinbar mildert. In dieser Schublade liegt ‹mit›.

Der Gedankengang ist, an einem Beispiel gezeigt, dieser: «In Gemeinschaft mit andern ist besonders Rathenau durch unklare Diktion dem philosophischen Bedürfnis der deutschen Masse entgegengekommen.» Hier setzt nun die stenographische Denkweise der Analphabeten ein; sie schlucken den Satz herunter, würgen ihn wieder hoch, und das Wiedergekäute sieht dann so aus: «Rathenau hat mit am meisten...» Es ist ganz und gar abscheulich: ‹mit› ist eine Präposition oder Suffix eines Verbums – so aber, wie es sich da im Satz herumtreibt, ist es gar nichts, ein elendes Wrack vom Schiffbruch eines deutschen Satzes.

Es ist ein Jammer um die Pflege der deutschen Sprache.

Kümmert sich schon einmal einer um sie, dann heißt er Eduard Engel; dieser unsägliche Hohlkopf hat es neulich fertig bekommen, den feinen Sprachkenner Wustmann zu beschimpfen, der in der kleinen Zehe mehr Sprachgefühl hatte als der Schöpfer der arabischen Zahlen auf den Eisenbahnwaggons im Kopf hat. Das Zeitungsdeutsch, das sich erheblich gebessert hatte, ist heute wieder im Begriff, in Modewörtern zu ertrinken. Erst denken sie nicht, und dann drücken sies schlecht aus. «Er ist menschlich mit einer der besten...», daß das einer schreiben, redigieren, setzen und durchgehen lassen kann! Diese Snobs schreiben, wie die Verkäufer von Seidenwaren sprechen: atemlos, eilig, alles im Superlativ, bewegt anpreisend. Alles wird auf eine Spitze getrieben, von der es wackelnd wieder herunterfällt. «Das 's ja faabelhaft! Na, unerhöört! Ein unmöglicher Patron...!» Wieviel Offizierskasino ist darin, wieviel Anreißerei!

Eine Rede ist keine Schreibe. Und dieses da ist weder eine solche noch eine solche.

Peter Panter (1928)

Zeitungsdeutsch und Briefstil

Es ist schon einmal besser gewesen: vor dem Kriege. Das heißt nicht etwa, die gute, alte Zeit heraufbeschwören – man blättere nach, und man wird von damals zu heute einen bösen Verfall der deutschen Sprache feststellen. In zwei Sparten ist das am schlimmsten: in der Presse und in den Briefen, die die Leute so schreiben.

Was in den Zeitungen aller Parteien auffällt, ist ein von Wichtigkeit triefender und von Fachwörtern schäumender Stil. Die Unart, in alle Sätze ein Fachadverbium hineinzustopfen, ist nunmehr allgemein geworden. Man sagt nicht: «Der Tisch ist rund.» Das wäre viel zu einfach. Es heißt: «Rein möbeltechnisch hat der Tisch schon irgendwie eine kreisrunde Gestalt.» So heißt das. Sie schwappen über von ‹militärwissenschaftlich›, ‹städtebaupolizeilich› und ‹pädagogisch-kulturell›. Gesagt ist mit diesem Zeug nicht viel: man weiß ja ohnehin, daß in einem Aufsatz über das Fußballspiel nicht von Kochkunst die Rede ist. Aber der betreffende Fachmann will dem Laien imponieren und ihm zeigen, wie entsetzlich schwer dieses Fach da sei... Die meisten Zeitungsartikel gleichen gestopften Würsten.

In den Briefen ist es etwas andres. Da regiert die Nachahmung des flegelhaften Beamtenstils.

Es ist rätselhaft, wie dieses Volk, das angeblich so unter seinen Beamten leidet, sich nicht genug tun kann, ihnen nachzueifern – im Bösen, versteht sich. Ist es denn nicht möglich, höflich zu schreiben? Aber jede Speditionsfirma sieht ihre Ehre darin, Briefe herauszuschicken, die wie ‹Verfügungen› anmuten. Da wird ehern ‹festgestellt› (damit es nicht mehr wackelt); da wird dem Briefempfänger eins auf den Kopf gehauen, daß es nur so knallt, und das ist nun nicht etwa ‹sachlich›, wie diese Trampeltiere meinen, die da glauben, Glattheit lenke von der Sache ab – es ist einfach ungezogen. Sie haben vor allem von den Beamten gelernt, jeden Zweifel von vornherein auszuschalten. Liest man die Briefe, so sieht man immer vor dem geistigen Auge:

Tagesbefehl

1. Es stehen bereit: 8.30 Uhr vormittags Abteilung Löckeritz auf der Chaussee Mansfeld-Siebigerode...
2. Ich befinde mich im Schloß
und so fort –
als ob man nicht auch in einem Geschäftsbrief an den entscheidenden Stellen leicht mildern könnte. Aber nein: sie regieren.

In erotisch-kultureller Beziehung denke ich mir den Liebesbrief eines solchen Korrespondenten so:

Geheim! Tagebuch-Nr. 69/218.

Hierorts, den heutigen

1. Meine Neigung zu Dir ist unverändert.
2. Du stehst heute abend, 7½ Uhr, am zweiten Ausgang des Zoologischen Gartens, wie gehabt.
3. Anzug: Grünes Kleid, grüner Hut, braune Schuhe. Die Mitnahme eines Regenschirms empfiehlt sich.
4. Abendessen im Gambrinus, 8.10 Uhr.
5. Es wird nachher in meiner Wohnung voraussichtlich zu Zärtlichkeiten kommen.

(gez.) Bosch, Oberbuchhalter

«An einer Seite Prosa wie an einer Bildsäule arbeiten...» schrieb Nietzsche. So siehst du aus.

Peter Panter (1929)

100 %

Haben Sie einmal einen alten deutschen Almanach gelesen –? Sie sollten das nicht versäumen. Es ist sehr lehrreich.

Nach bereits vier Seiten werden Sie merken... ja: deutsch ist es. Aber... es ist ein andres Deutsch, ein uns fremdes Deutsch, und woran liegt das?

Das liegt nicht nur am Satzbau und an den Modewörtern, es liegt vor allem an den Bildern, die die Sprache gebraucht. Denken Sie nur an die Bilder der Romantik, wo es eine Zeitlang Mode war,

Eigenschaften des Ganzen auf einen Teil zu übertragen: «er hatte gutmütige Schultern und einen witzigen Hut» ... So hat jede Zeit ihre Moden gehabt. Gute Schriftsteller vermeiden Modewörter, wo sie nur können. Woran man Modewörter erkennt? Man erkennt sie nicht; man muß das fühlen. Ich will Ihnen ein besonders dümmliches vorstellen – da oben steht es und heißt hundertprozentig.

Es muß eine Schicht der schlimmsten Halbbildung gewesen sein, die das aufgebracht haben, ganz recht: Amerika. Denn daß kaufmännische Bilder in die Sprache dringen, ist etwas Verständliches – früher war es die Bibel und der Handwerker, die der Sprache Farbe gegeben haben, heute ist es der Kaufmann. Soweit gut. Aber es wird ein bißchen viel mit Prozenten nachgerechnet, auch in Sparten, wo dergleichen gar nichts besagt. Die Sprache ist nach folgenden Regeln verdorben worden:

Wenn einer sagen will, die Hälfte, dann sagt er: «Fünfzig Prozent». Er meint, das sei gebildeter. Wegen des Fremdworts und überhaupt... Wenn er aber sagen will, die Mehrzahl, dann sagt er: «Achtzig Prozent» oder «Fünfundsiebzig Prozent», je nach dem Wetter und je nach dem Gefühl. Es hört sich mächtig exakt und sehr genau an, ist es aber gar nicht; denn eine Statistik liegt dieser Angabe nicht zu Grunde, der Sprecher hat sich auch weiter nichts dabei gedacht... er hat das so hingesagt. Es ist, wie wenn einer von der Küchenwaage Milligramm abliest.

Wenn aber einer sagen will: ‹alle›, ‹ganz und gar›, ‹vollständig›, dann sagt er das nicht. Wie man ja überhaupt einen schlechten Stilisten immer daran erkennt, daß er nicht einfach das sagt, was er meint, sondern, daß er es auf albernen Umwegen sagt. Wenn einer sagen will: ‹Alle› – dann sagt er: ‹Hundertprozentig›, und dann hat er aber was gesagt! Da zittert ja die Watte in den Schultern!

Wenn ich nicht irre, sind es die Filmleute gewesen, die mit dem schrecklichen Untertitel:

Ein hundertprozentiger Tonfilm

die Ausbreitung dieser Stilkrankheit wesentlich gefördert haben. Diese Einbeziehung des Handels in die Kunst ist ja manchmal nicht ganz unangebracht, aber daß nun alles, aber auch alles ‹hundertprozentig› sein soll, das ist bitter. Man soll gewiß eine lebende Sprache nicht mit dem Metermaß schulmeistern wollen, das ist schon richtig – aber dieses törichte und häßliche Wort wird stumpfsinnig und gedankenlos nachgeplappert. Trägt Liebe Zinsen? Sie muß doch wohl – denn es gibt da hundertprozentige Liebesheiraten. Und einer ist ein ‹hundertprozentiger Mann›, wobei noch nicht einmal an die Rücklagen gedacht ist und nicht an die Inneneinrichtung, die mit einer Mark abgeschrieben zu Buch steht, und wenn Herr Klarierer von der Sofa-Film, ein hundertprozentiger Fachmann, sein hundertprozentiges Ehrenwort gibt, daß achtzig Prozent aller Filme, die er herstellt, hundertprozentig volle Häuser machen, weil sich das Publikum zu sechzig Prozent aus Rheinweintrinkern zusammensetzt und hundertprozentig begeistert ist, so kann man diesem Ehrenwort etwa zu 0,4 Prozent Glauben schenken.

Bei einer Ehe zwischen einem Weißen und einer Schwarzen schlägt das schwarze Blut immer durch.

Bei dem Kampf um die Sprachreinheit unterliegt fast immer der, der die Sprache sauber halten will, und das Verschmierte, das Laute, das Halb- und Falsch-Gebildete setzt sich durch. Und es setzt sich nur durch, weil sich die meisten Leute nicht klar sind über das, was sie schreiben, und nur sehr wenige über das, was sie sprechen. Körperliche Reinlichkeit ist zu allen Zeiten dieselbe gewesen – nur die Formen, unter denen sie erreicht wird, wechseln. Man braucht gewiß nicht zu altertümeln – aber man spreche reinlich und schreibe reinlich.

Modewörter...? Meine Einstellung ist rein menschlich irgendwie die, daß das Wort ‹hundertprozentig› eine hundertundeinprozentige Sprachdummheit ist.

Peter Panter (1930)

Der Herr Soundso

Die Sprache hat gesiegt – es ist nichts mehr zu machen. Nun steht der Unfug auch im Duden... Die schauerliche neue Ausgabe dieses höchst nötigen Nachschlagewerkes, ein Augenpulver, vierspaltig, beinah so unübersichtlich wie das berliner Telefonbuch: der ‹GROSZE› Duden hats auch. Da steht auf Seite 517:

«sowieso (unter allen Umständen, jedenfalls); der Herr Sowieso». Es ist zum Weinen. Denn auf Seite 516 steht richtig:

«soundso (unbestimmt wie); Paragraph soundso; der Herr Soundso». Beides kann nicht richtig sein; eines kann nur richtig sein; was ist richtig?

Bei Courteline kommt einmal eine Dame in einen Buchladen und fragt den Sortimenter nach einem Buch, dessen Titel sie vergessen habe. «Von wem solls denn sein?» Von Daudet. «Von Alphonse Daudet?» Ja. Der Buchhändler zählt auf. Nein, das nicht: nicht die Briefe aus meiner Mühle und nicht dies und nicht das... es sei, aber der Herr Buchhändler müsse nichts schlechtes denken, man sei Gottseidank eine verheiratete Frau... es handele sich... kurz: das Buch sei etwas... ein wenig... wie? «Von Daudet?» Ja. Der Buchhändler denkt nach. Er führt keine Erotika, kein Buchhändler führt Erotika... und Daudet? Der verzweifelte Buchhändler sagt alle unanständigen Buchtitel auf, die er kennt – aber von Daudet ist keines darunter. Und es ergibt sich, daß die immer mehr errötende Dame den Titel eines Daudetschen Buches daneben verstanden hat. Das Buch heißt: ‹Le Petit Chose›. Der kleine Dingsda.

Denn – so lehrt die Moral dieser Geschichte – wenn man den Namen eines Mannes nicht weiß, so nennt man ihn Herr X oder Herr Dingsda oder Herr Soundso, weil ja ‹soundso› etwas Unbestimmtes bedeutet. Gussy Holl hat für Leute ihr unbekannten Namens die Bezeichnung ‹Herr Pimm› eingeführt, aber das steht wieder nicht im Duden.

Immerhin scheint mir Pimm noch zulässiger als ‹Herr Sowieso›, was eine klar erkennbare Verwechslung mit dem ‹Soundso› ist... aber es ist nichts mehr zu machen. Alle Leute sagen es. Weil wir aber nicht Eduard Engel heißen und also der Sprache nicht nachbelfern, wenn sie einmal anders will als wir –:

so wollen wir uns damit begnügen, es nicht zu schreiben, und wir wollen nicht weinen, sondern die Sowieso-Sager mit jener höchst schauderhaften Klischeeredensart entlassen: «Das sowieso.»

Peter Panter (1930)

Privat

Weil es in Deutschland kein öffentliches Leben gibt, sondern nur Kongresse und Tumulte, so nennt sich gern alles, was ein bißchen was ist: privat.

Die Sache hat wohl damit angefangen, daß Zigarettenfirmen gewisse Marken für die Chefs und für das Haus herstellen ließen – diese Mischungen waren vorerst nicht für den Handel bestimmt. Dann aber kamen sie doch in den Handel, und um zu zeigen, wie fein und vornehm der neue Tabak sei, nannte man ihn nun: Pebeco privat. Und das griff dann auf den Gottbehüte Weinbrand über und auf den Sekt, und jetzt heißen auch schon Schreibmaschinen so. «Wenn Sie in Ihrer Privatbar...» habe ich neulich gelesen. Denn mit dem Fressen ist das so eine Sache, aber Privatbar muß sein. Und wenn sie drei alte Fotos veröffentlichen, auf denen zu sehn ist, wie sie als Kind auf dem Lackstühlchen gesessen haben, dann sind diese Bilder «aus Privatbesitz», das klingt so hübsch nach Gemäldegalerie, aber es ist bloß ein altes Fotografiealbum.

Sie spielen Privatleben.

«Wie ich in einem außerdienstlichen Gespräch privat erfahren habe...» – aber lacht sie doch aus mit ihrer Wichtigtuerei, fegt das doch mit einer Handbewegung vom Tisch, denn alles das besteht ja nur in diesen mit Sandpapier abgeschabten Köpfen. Es ist völlig gleichgültig, ob einer eine Sache offiziell, offiziös oder privat erfahren hat – er weiß sie eben, und wenn es sich zum Beispiel um eine Schiebung handelt und er packt nicht zu, dann ist er ein Schweinehund. Ein offizieller, ein offiziöser, ein privater – zum Aussuchen.

Sie spielen Dienst.

Ob Kellner, Regierungsrat oder Radauknecht bei Hitler –: sie haben eine Uniform an, stehn vor sich selber stramm und glauben an ihre irdische Mission. Die ist dienstlich. Dahinter lebt dann, kümmerlich aber immerhin, das sogenannte Privatleben. «Sie war», schrieb neulich eine Zeitung ganz ernsthaft, «sie war privatim blond.» Als Klavierlehrerin war sie das nämlich nicht, da war sie nur Klavierlehrerin.

Sie glauben ernsthaft, das sei sachlich. Es ist aber nur die trübe Atmosphäre der Kompanie-Schreibstube, wo der Feldwebel dienstlich von nichts wußte und außerdienstlich grinsend in eine Stulle biß. Dienstlich hat diese Welt manche Erfolge zu verzeichnen. Privatim ist sie rechtens immer hinten heruntergefallen.

Ignaz Wrobel (1932)

Kolossal berühmt

Auf der sprachlichen Niederjagd gefangen: «berühmt geworden».

Irgend ein Esel mag das einmal geschrieben haben, um sich wichtig zu machen: «die berühmt gewordene Rede des Kanzlers...» Und nun schreiben es ihm alle, alle nach: die berühmt gewordene Szene, das berühmt gewordene Chanson, die berühmt gewordene Wendung. Gemeint ist: bekannt.

Homer ist berühmt. Chaplin ist zur Zeit berühmt. Der Ruhm Napoleons, das kann man sagen. Es ist aber ein Irrtum, zu glauben, daß berühmt sei, was zweimal in der Schlagzeile einer Mittagszeitung gestanden hat, denn da steht vieles, was früher, Borgis, ohne Durchschuß, im lokalen Teil zu stehen pflegte. Es ist da eine jammervolle Verengung des Gesichtskreises eingetreten, die Vordergrund-Figuren erscheinen ganz groß, und die gesamte Welt verschwimmt zu einem grauen Fond. Geistige Autarkie.

Sprache ist stets Ausdruck einer Gesinnung. Diese hier ist beklagenswert. Jeder dieser kleinen Kreise hält sich für das Zentrum der Erde, und man muß einmal erlebt haben, was geschieht, wenn sich diese Leute im Ausland mit Fremden unterhalten: wie da beide Teile aneinander vorbeireden, wie der Deutsche auch nicht einen Augenblick auf den Gedanken kommt, seine Begriffe und Maßstäbe könnten vielleicht dort nicht gelten, mehr, überhaupt nicht bekannt sein... seine Seele kreist um den Potsdamer Platz oder um drei Zeitschriften oder um Hitler oder um sonst eine Lokalgröße und ist nicht davon loszubekommen. Und dann sind alle Beteiligten erstaunt, weil es zu keiner Einigung kommt. Wenn zwei Kaufleute miteinander abschließen wollen, und der eine meint, es handle sich um Kauf, und der andre meint, es handle sich um Miete, so kommt auch bei einer scheinbaren Einigung kein Vertrag zustande – Dissens nennt es der Jurist. So ungefähr verlaufen die meisten internationalen Diskussionen. Es ist ein Jammer, daß dabei nicht Latein gesprochen wird.

Man blättere, was viel zu wenig getan wird, in den Zeitungen ein Jahr zurück, und man wird sehen, was das «berühmt gewordene Stück» heute ist: Geraschel eines welken Kranzes. Und zwei Flugstunden weiter, grade um die Ecke, haben sie von dem statuierten Ruhm überhaupt nichts gewußt. Es ist ein Ruhm, dessen Reichweite mit den Grenzen eines postalischen Bestellbezirks zusammenfällt und der vierzehn Tage dauert, gut gerechnet. Diese Zeit spricht noch nicht ihre Sprache, oder: ihre Sprache ist die der Zeit von gestern. Sie pappt große Wörter, die beinah ihren Sinn verloren haben, auf die kleinen Begriffe des Alltags, ihr Kleid ist vier Nummern zu weit, und wenn alles schief geht, so sieht sie sich doch ununterbrochen im Spiegel eines imaginären Konversationslexikons und kommt sich sehr berühmt geworden vor.

Peter Panter (1932)

Praktisch

Eine Menge deutscher Sprachunarten scheinen aus dem Englischen zu kommen. ‹Praktisch› kommt wohl auch daher.

Das Wort wurde früher im Sinne von nützlich, bequem gebraucht – wenn man von der etwas altmodischen Zusammensetzung wie praktischer Arzt absieht. Eine Vorrichtung war für den Benutzer praktisch – das Wort war zwar nicht schön, doch seine Bedeutung recht klar. Jetzt hat sich etwas Neues eingebürgert.

Die Adverbialkrankheit, die die deutsche Sprache durchzieht, läßt ‹praktisch› als Adverb auftauchen. Die Brille blitzt, und los gehts: «Theoretisch können Sie ja Armenunterstützung beanspruchen, aber praktisch werden Sie sie kaum bekommen.» Also bekomme ich sie nicht – was quatscht mich die Sprache da an! Gemeint ist: in Wahrheit, in Wirklichkeit – im Gegensatz zu einer Abstraktion, die ja kein guter Deutscher außer acht läßt.

Nun ist aber dieser Zusatz, der vielleicht in dem englischen ‹practically› seinen Ursprung hat, völlig überflüssig. Es ist eines jener Wörter, die die deutsche Sprache so unleidlich aufblähen – viele Leute können ja überhaupt nicht mehr sprechen, sondern nur noch einen Brei von Terminologien zusammensprudeln. «Er wird praktisch sein Amt nicht ausüben...» das ist doch Wahnwitz. Ob er es nach den Buchstaben irgend eines toten Buches ausüben könnte, will ja niemand wissen – übt er es aus oder übt er es nicht aus? Er übt es nicht aus. Dann sags.

Die verteufelte Anwendung dieses dummen Wortes entstammt der Wichtigtuerei, von der so mancher besessen ist – den Leuten ist nicht wohl, wenn sie einfach sagen sollten: «Er mag keine Gurken.» Das freut ja keinen. «Er hat einen Gurkenkomplex» – so heißt das. Und daher auch: «Praktisch wird den Arbeitslosen keiner entschädigen.» Dahinter sitzt dann jene Rückversicherung, der Blick auf die Theorie: es gibt vielleicht ein Gesetz, wonach der Arbeitslose entschädigt werden müßte, oho! hier herrscht Ordnung! – aber was ein richtiges Gesetz ist, das ist längst durch eine Notverordnung aufgehoben. Denn wir haben eine Verfassung. Aber praktisch...

Peter Panter (1932)

Du mußt über einen Menschen nichts Böses sagen. Du kannst es ihm antun – das nimmt er nicht so übel. Aber sage es ihm nicht. Er ist in erster Linie eitel, und dann erst schmerzempfindlich.

«Muß denn immer gleich von Liebe die Rede sein?» – Ja.

Nichts verächtlicher, als wenn Literaten Literaten Literaten nennen.

«In unsrer Zeit...» sagen die Leute und sind sehr stolz darauf. Das klingt oft wie: «Bei uns in Tuntenhausen...» Es gibt Kleinstädter, und es gibt Kleinzeitler. Das Wort ‹heute› wird zu oft gebraucht.

Peter Panter (1932)

Puffleutnants und linsenbesetzte Vollbärte – mit Oberförsterallüren

Wenn einer von einem Amt oder einem Beamten das Wort «verantwortlich» gebraucht, frage man sogleich: «Wem –?»
                                                            Peter Panter (1928)

Zu einem ganz strengen, ganz bösen Mann am Fahrkartenschalter möchte ich immer sagen: «Na, was haben Sie denn so für Billetts –?»
                                                            Peter Panter (1932)

‹Dienstlich›

In Diedenhofen hat ein Leutnant einen Fähnrich erschossen. Bei einer nächtlichen Sauferei: der Leutnant erklärte schlucksend, er wolle sich nunmehr das Leben nehmen. Nun, das sagt man schon so des Nachts um halber zwölf. Aber dem da schien es ernst zu sein, denn er zog einen Revolver und fuchtelte damit herum. Der Fähnrich, der das Unheil kommen sah, nahm seinem betrunkenen Vorgesetzten das Schießgewehr weg. Darauf wurde der nüchtern und «befahl wiederholt dem Fähnrich dienstlich», ihm den Revolver zurückzugeben. Was dieser auch tat, – der Leutnant holte sich von seinem Burschen Patronen und schoß den Fähnrich tot.

Es wird Sache der Gerichte sein, sich mit diesem Tatbestand näher zu befassen. Wir haben uns bloß mit dem Wort ‹dienstlich› zu beschäftigen. Es steht immer in diesen Berichten, die wir zur Genüge kennen. Wenn ein Offizier eine Weibergeschichte hat, einen Zusammenstoß mit Vorgesetzten aus privaten Gründen, – immer wird die Sache irgendwo dienstlich. Bis dahin stand man sich als Mitmensch und Gegner gegenüber, – wenn man aber nicht mehr weiter kann, befiehlt man ‹dienstlich›. Praktisch: die Kommandogewalt gilt immer. Das ist eine gefährliche Waffe in Händen von Leuten, die noch nicht weit genug sind, um zwischen Privatverhältnissen und dem Dienst zu unterscheiden. Im Gegenteil: nachts um zwei, wenn man nicht mehr gerade stehen kann, hört die Gemütlichkeit, aber auch der Dienst auf.

Das Wort imponiert. Niemand nimmt mehr Anstoß daran, wenn so ein junger Leutnant nachher im Gerichtssaal erklärt: «Ich befahl dem Angeklagten dienstlich...» Und wenn man näher hinhört, saßen sie alle zusammen beim Jeu und waren alle zusammen heillos betrunken. Das ist eine Farce, die abgetan werden muß. Sie bilden einen Staat im Staate – denn wenn jemand bei einer Rauferei sich auf den Postassistenten ausspielt, wird er ausgelacht. Hier fliegt der andere in den Kasten, wenn er nicht noch im Rinnstein mit den Händen an der Hosennaht salutiert: «Zu Befehl, Herr Leutnant!» – Der Dienst gehört in die Kaserne. Beim Sekt hat er nichts zu suchen.

anonym (1913)

Na, mein Sohn?

Besinnt ihr euch noch auf die Inspektionen eurer Truppenteile bei den Militärsoldaten? Wenn da die hohen und höhern und höchsten und allerhöchsten Offiziere durch die starren Reihen gingen und hier und da ein leutseliges Wort an die Kerls richteten? Erinnert ihr euch daran? «Na, mein Sohn, wo hast du dir denn das Eiserne Kreuz verdient?» Und der also Angeredete nahm die Nase noch steifer gradeaus und gab eine brave und leere Antwort, grade so dumm und leer wie die interesselose Frage, und der Inspizierende ging befriedigt weiter, und alles war gut...

War wirklich alles gut? War es die Aufgabe und der Lebenszweck der Führer, mit dieser falschen und gemachten Loyalität, die so viel Herablassung mit ebenso viel Menschenverachtung verband, zu dem niedern Volke herunterzusteigen? Es schien so. Denn sie hatten ja allesamt in diesem Kriege nicht begriffen, daß sie nicht mehr, wie in seligen Friedenszeiten, unter ihren Bauernjungens standen, unter denen der Leutnant so eine Art Gott war, weil er fließend lesen und schreiben konnte – (meist das einzige, was er konnte). Diesmal aber stak unter den grauen Kitteln ein gut Teil der Intelligenz des Landes, und wie hat es die berührt, wenn irgendein bunter Popanz ihnen leutselig und ganz von oben herunter die Frage stellte: «Na, mein Sohn?»

Wir verzichten auf diese Soldatenväter. Sie sind nicht ausgestorben. Es gibt immer noch viele unter den bürgerlichen ‹Vorgesetzten›, die annehmen, sie seien so etwas wie der Alte Fritz und wir andern seien die braven potsdamer Rekruten, die sich stundenlang über ihren König unterhalten. Vorbei, vorbei –. Wir wollen Sachlichkeit im Betrieb und verzichten gut und gern auf diese kleinen menschlichen Kniffe.

Die Deutschen sind noch lange nicht dazu erzogen, miteinander zu arbeiten. Sie können nur wirken, wenn man sie einen über den andern stellt. Das kommt uns zum Halse heraus. Zusammenarbeiten! ist die Losung, nicht: Unterstellen! Hand in Hand arbeiten heißt es, nicht: Überordnen. Damit ist gar nichts geschafft; das nutzt nichts, sondern schadet nur: diese Kompetenzstreitigkeiten, dieses Raufen, wer nun mehr zu sagen hat, und wer am allermeisten zu sagen hat. Das führt uns nicht weiter, sondern treibt nur von der Arbeit ab. Und vielleicht erleben wir doch noch einmal die Zeit, wo sich kein Deutscher mehr zu dem eigenen Landsmann leutselig und ohne innere Anteilnahme herabläßt, und ihm gutmütig auf die Schulter klopft und kopfnickend zu fragen geruht: «Na, mein Sohn?»

Ignaz Wrobel (1919)

Die beiden Titel

Leiter der Dicht-Abwehrstelle Berlin-Süd
 Was ist denn das für eine Überschrift? Das ist eine deutsche Überschrift. Denn was ein richtiger Deutscher ist, der hat zwei Titel. Anders tut ers nicht. Erstens hat er einen Titel, mit dem man ihn anredet. Denn das ist sehr wichtig, daß man beim Friseur nicht so einfach «Herr Sabberlatz» zu einem sagt, sondern der Barbier muß den Stuhl rücken und muß sagen: «Bitte sehr, Herr Sekretär!» oder «Bitte sehr, Herr Rat!» – Und wenn er gar sagt: «Bitte gehorsamst, Herr Assessor!» – na, dann schmilzt das Herz des zu Rasierenden, und er läßt sich noch einmal so gern ins Kinn schneiden.

Titel müssen sein. Titel sind wie die Vollbärte: sie verleihen dem Träger vor sich selbst den ungeheuersten Respekt. Wenn einen dauernd alle Menschen mit «Herr Assistent» anreden (solch einen Titel gibt es in Preußen wahr- und wahrhaftig) – dann glaubt der Mensch nach ein paar Jahren selbst, daß er ein feiner Herr ist. An sich hat der Mensch ja in schwachen Stunden nicht allzuviel Zutrauen zu sich. Er kennt sich zu genau: er weiß nämlich, wie er im Nachthemd aussieht, und daß es alles mit ihm nicht so erheblich ist. Aber ein Titel richtet auch den Schwächsten auf. Daran klammert er sich, wenns ihm schlecht geht – das tröstet ihn – das stärkt ihn. Titel sind gut für die Verdauung. Titel geben auch so schön die Kaste an. Man weiß doch gleich, wo und wie... Und Titel sind eine Prämie für die Faulen. Es ist schwer und mühselig, einen Titel zu erringen – insofern muß man ja einigen Fleiß an die Sache wenden. Aber wenn man ihn einmal hat, wenn man einmal «Wirklicher Geheimer Oberbergbaurat» geworden ist, dann braucht man nicht mehr viel für die Sache tun, man ist es eben, und damit gut. Und nimmt Vollbäder in Würde. Am Titel ist das schöne, daß sie der andere *nicht* hat. Es gäbe ja einen ganz einfachen Weg, diesem ganzen Unfug ein Ende zu machen: Man brauchte nur den kleinen Paragraphen abzuschaffen, der da verbietet, unbefugt einen Titel zu führen. Man denke –! Denn wenn sich jeder Metallarbeiter «Geheimer Intendanzrat» und wenn sich jeder Rotundenreiniger «Regierungsassessor» nennen dürfte – ach, dann machte einem das ganze Leben keinen Spaß mehr, und die schönen Titel wären alle ganz entwertet... Aber keine Sorge. Fest steht und treu der Paragraph, die Völker Europas wahren ihre heiligsten Güter, und ich darf mich nicht «Dipl. Kaufmann» nennen, schon, weil ich gar nicht weiß, was das ist. «Ja, das ist der Anredetitel». (Den sich auch immer noch die – wahlberechtigten – Frauen beilegen. Denn es ist ja auch etwas schönes um eine «Frau Königl. Bayer. Lokomotivführer».) – Nun, seit ein paar Jahren haben sich die Deutschen auch noch einen zweiten Titel zugelegt.

Seinen Anfang nahm dieser Unfug im Kriege. Da zeichneten die Offiziere gern: «Müller, Oberleutnant und Leiter der Pferdeverteilungszentralstelle Rossieny». Das klang zu schön. Das war eine wirkliche Erfindung. Hier war eine doppelte Kompetenz, das durfte nicht mit dem Kriege dahingehen. Es ging auch nicht dahin. Soviel Leiter, wie augenblicklich in Deutschland herumlaufen, hat es überhaupt noch nie gegeben. Es scheint gar keinen Menschen mehr zu geben, der etwas tut oder arbeitet – alle leiten sie. Früher war man Gärtner oder Landwirt oder sonst etwas schönes; heute ist man «Leiter der Abteilung für Gärtnereiwesen» und «Vorstehender Geschäftsführer der Gruppe Landwirtschaft» und so. In den Ämtern feiert das Orgien. Da gibt es überhaupt nur noch Leiter. (So arbeiten sie auch.) Es gibt einen «Geschäftsführenden Direktor des Verbandes Deutscher Erzähler», und wenn das der alte Grimm noch erlebt hätte, was hätte der wohl gesagt! Es gibt «Oberleitungen», wobei man aber nicht an die Drähte der elektrischen Bahnen denken darf, sondern an eine Gruppe ernster Männer in Gehröcken. Da hat sich zum Beispiel in der Rhön, dem kleinen deutschen Gebirge, der neue Sport der

Segelfliegerei – ohne Motor – aufgetan, eine nette und sicherlich nicht allzu belangreiche Sache. Was da für Leitern in den Himmel wachsen, das ist überhaupt gar nicht zu sagen! Da gibt es eine «Oberste Sportbehörde für Segelflug» und «Leiter der Abteilung für Zuschauerwesen» und einen «Leiter der Bildstelle» ... kurz, sie schwimmen in Titeln. Und manchmal ist der Titel größer als das Amt... Es scheint mir kein sehr freundliches Zeichen zu sein, diese Sucht nach den zwei Titeln. Eine maßlose Eitelkeit spricht daraus, eine Freude an der Wichtigmacherei und eine prahlerische Überschätzung der eigenen – meist unproduktiven – Arbeit. Ach, es bleibt ja nicht. Da lebte mal einer, der war «Gemeinderat» und «Wirklicher Großherzoglicher Staatsminister» und «Ritter Hoher und Allerhöchster Orden pp.» und natürlich auch «Doktor». Nichts davon ist geblieben. Geblieben ist nur ein einziger Name, ohne jeden Titel, schlicht und einfach:
    Goethe.

Peter Panter (1923)

Du!

Eine Zeitlang sagte die junge deutsche Literatur: Du. Zu den Dienstmädchen, zu den Zuaven, zu den Antilopen an der Tränke – zu toten Dingen selbst: Werfel war Ehrenvorsitzender des Verbandes geplatzter Lokomotivkessel, und der ganze Kosmos hatte zu den Verlegern die schönsten Beziehungen.

Du! Wer sagt noch: Du? Liebende sagen einander: Du – und Nicht-Liebende wie Familienmitglieder –, das patriarchalische Du aber, das des Meisters zum Arbeiter, ist fast geschwunden. An Stelle der Seele (mit Ausbeutung) ist die Sozialversicherung (mit Ausbeutung) getreten. Der Fabrikant siezt den Arbeiter und sagt zu ihm: «Ich setze Ihnen den Lohn herunter!» Und das ist auch ein Fortschritt.

Es gibt aber eine Situation, wo die Stützen der Gesellschaft auch den schlichtesten Arbeiter mit dem leutseligen Du beehren: das ist die Verhaftung. Wenn die Polizei oder gar die andre bewaffnete Macht einen am Genick hat, dann duzt sie ihn. Und wie!

Von «Gehen Sie auseinander!» bis: «Dir Schwein soll ich woll mit dem Kolben in die Fresse schlagen!» ist nur ein Schritt. Jenes ertönt allerdings in der Öffentlichkeit, dieses in der trauten Wache oder – noch schlimmer – in der Kasernenstube. Alle Berichte heben das hervor: der viel zu wenig gekannte aus dem Jahre 1848, wo die Garde an der Spree ihre Opfer die lange Charlottenburger Chaussee hinaufprügelte, bis zu den entsetzlichen Aussagen in Gumbels Büchern. Vor Gericht gehört dergleichen ‹nicht zur Sache›. Im Gegensatz zu unsern Richtern, die leider zur Sache gehören.

Übrigens ist das international. Als im französischen Kommune-Aufstand Millière erschossen wurde, riefen ihm die Offiziere des weißen Schreckens nach: «Na los! Halt mal 'ne Rede!» Bei wesentlichen Dingen soll man sich Du sagen.

Aber trotzdem möchte ich mich von den Herren Ebert oder Ludendorff nicht duzen lassen – sie pflegen uns mit ‹Ihr› anzureden, worum sie niemand gebeten hat –, und es wäre nur zu wünschen, daß eine gewandelte Nation zu dem nächsten Minister, der eine Wehrpflicht beantragte, spräche: Gehaben Sie sich wohl!

Ignaz Wrobel (1924)

Der Türke

Ich habe in Paris einen Türken kennengelernt, der war französischer Untertan, sprach englisch und konnte Deutsch. (Mitunter ist es gar nicht so einfach im menschlichen Leben.) Im Kriege hatte dieser Polyglott Kuntze bei der türkischen Armee Dolmetscherdienste getan, und da hat er wohl vieles gelernt, vieles aufgeschnappt... Er übersetzte sehr gewandt; als wir mit einem Engländer nicht recht zu Rande kamen, vermittelte er wortgetreu, ohne Verdrehungen und Abkürzungen – sehr gut. Dann sprach er mit mir, Deutsch.

Er sprach und sprach, und je länger er sprach, desto weniger paßte ich auf das auf, was er sagte – und zum Schluß fielen mir fast die Augen aus dem Kopf. Wo hatte ich diesen Jargon schon einmal gehört? Was war denn das, was dieser Mensch sprach?

Ich fragte ihn nach einem gemeinschaftlichen Bekannten. «Donnerwetter!» sagte der Türke, «das war vielleicht ein Kerl!» Ich sah ihn an, in seinen Augen war kein Arg; er war fest überzeugt, reines Deutsch gesprochen zu haben. Ja – ich nickte beifällig. Und dann sprachen wir von der Verpflegung in der Kriegstürkei. «Da haben wir eine Nummer jesoffen!» sagte der Türke, «einfach verheerend –!»

Ah –! Jetzt wußte ich, wo der sein Deutsch gelernt hatte. Und durch sein Deutsch erschienen wie durch einen Schleier die Lehrmeister dieser erfreulichen Grammatik: mit hohem Kragen, mit Monokel, mit leicht geröteten Gesichtern, mit den nötigen ‹Harems›-Adressen in der Brusttasche, beklunkert mit deutschen, österreichischen und türkischen Orden, mit dem ganzen Bahnhofsspinat. «Der Kümmeltürke soll ma reinkomm, übersetzen!» Er näselte wie sie. Er schleppte die Worte wie sie, ließ die Endsilben fallen, hatte genau den Timbre fauler Verachtung, der es nicht verlohnt, das Maul aufzumachen. Er hatte es alles abgeguckt.

«Kenne die Brüder da unten janz jenau!» sagte der Türke. Und im Geiste segnete ich die deutsche Kultur, die so schöne Früchte trägt und an der die Welt im allgemeinen und dieser Türke im besonderen so herrlich genesen war.

Ignaz Wrobel (1924)

Persönlich

«Ich möchte Herrn Regierungsrat persönlich sprechen!» – «Herr Professor Gustav Roethe war persönlich anwesend.» – «Der Chef des Stabes der Reichswehr ist diesen Beschwerden persönlich nachgegangen.»

Was ist denn das? Haben alle diese zwei Persönlichkeiten: eine einfache und eine persönliche? Was bedeutet das?

Das bedeutet eine Wichtigmacherei, die auf derselben Etage wie das deutsche Vorzimmer wohnt (am Telefon: «Hier Vorzimmer von Herrn Portier Knetschke!»); wie der Apparat, ohne den es keiner mehr tut («Ich werde das mit meinen Herren besprechen!» – hat aber nur einen); wie das ganze mißverstandene Brimborium des so gern kopierten überorganisierten Militärbetriebes, der es allen Deutschen zum erstenmal vor die Augen geführt hat, wie man auf möglichst geräuschvolle und kostspielige Weise nichts tun kann. Der Divisionskommandeur arbeitete nicht allzuviel. Aber das Wenige, was er tat, tat er durch seinen Adjutanten, durch seine Unterorgane, und nur Orden und Rotwein nahm er persönlich in Empfang. Die privaten Gruppen aller Sorten ahmen ihn selig nach. Der Chef des Betriebes hat den soziologisch umstrittenen Gedanken der Delegierung auf die Spitze getrieben und seine Machtvollkommenheiten so aufgeteilt, daß man ihn schon manchmal, wenns unten gar zu dumm wird, ‹persönlich› in Anspruch nehmen muß. Die Männer der Öffentlichkeit kopieren es überglücklich. Sie kommen nicht selbst, sie telefonieren nicht selbst, sie unterschreiben nicht selbst. Daher denn keiner mehr sagt: Ich möchte den Herrn Reichstagsabgeordneten sprechen! – sondern: Ich möchte ihn persönlich sprechen! Immer voller Angst, daß sonst seine Waschfrau käme. Mit der sicherlich oft besser zu verhandeln wäre.

Diese aufgeblasene Eitelkeit, die immer und immer mehr bei uns einreißt, diese Sucht, dem gemeinen Haufen nur ja den Aspekt eines zu geben, der über den Wolken schwebt – wie dumm, wie hohl und vor allem: wie unpraktisch ist dies Theater! In Amerika hat jeder für jeden Zeit, solange sich der kurz faßt; in Frankreich ist es nicht gar so schwer, zu den maßgebenden Männern Zutritt zu bekommen; in England denken die Leute an ihre Sache und nicht immer an ihre Person und bestimmt nicht an eine Hahnenwürde; bei uns zu Lande ist es wunder was für eine Geschichte, mit einem besser bezahlten Mann ‹persönlich› zu sprechen. Ist die Audienz beendet, so bleibt ein Abglanz des Unerhörten auf dem Empfangenen haften, der strahlend nach Hause stelzt. «Ich habe heute früh mit dem Oberbürgermeister persönlich gesprochen...» (Du armer Hund hast natürlich nur seinen Sekretär sprechen dürfen oder seinen Portier – ich aber habe ihn persönlich zu fassen bekommen!) Tief wurzelt der Knecht im Deutschen – leise kitzelt es im Rücken und tiefer: Kommt der Fußtritt? kommt er nicht? Er kommt nicht! Heil! Er hat mit mir persönlich gesprochen und nicht durch einen alten Trichter aus dem Nebenzimmer! Ich bin erhöht.

Es gibt Menschen, mit denen möchte ich um keinen Preis sprechen, dienstlich nicht und privat nicht und persönlich schon gar nicht: mit Strafkammervorsitzenden, alten Bataillonskommandeuren, Kriegsgerichtsräten und ähnlichen persönlichen Persönlichkeiten.

Lieber Gott! Nimm doch den deutschen Kaufleuten und Beamten diese dumme Sucht, sich als gar so kostbar hinzustellen und sich mit etwas dicke zu tun, was meist gar nicht da ist: mit einer Persönlichkeit! Den Soldaten kannst du es lassen, sie haben ja selten etwas anderes! Tu es doch, lieber Gott, ja –?

Dieses Gebet werde ich mal dem lieben Gott persönlich unterbreiten.

Ignaz Wrobel (1925)

Das «Menschliche»

«Oberes Bild. Von links nach rechts: Generalintendant T., künstlerischer Beirat L., Betriebsdirektor F., Komparseriechef M., Oberspielleiter P., Dramaturg M., Oberspielleiter S., Spielleiter D., Intendanzsekretär B.»

Was ist das –?

Das ist das arbeitende Deutschland von heute. Anders können sies nicht – anders machts ihnen keinen Spaß. Diese Nummern des deutschen Alphabets mit den Metternich-Kanzleititeln vor ihren Namen halten in Wahrheit nur ein mittleres Stadttheater einer Provinzstadt in Ordnung, was immerhin nicht gar so welterschütternd ist. Aber weil es ja keine Angestellten mehr gibt, sondern ganz Deutschland einer Bodenkammer gleicht (vor lauter Leitern kommt man nicht vorwärts) – ‹leiten› sie alle, und wenn es auch nur ein kleines Mädchen an der Schreibmaschine ist, die zusammen mit ihrem Kaffeetopf gern ‹Abteilung› genannt wird; die leiten sie dann. Es gibt eine «Vereinigung leitender Angestellter», offenbar eine Art Obersklaven, die gern bereit sind, unter der Bedingung, daß sie von oben her besser angesehen werden, kräftiger nach unten zu treten. Die Bezeichnung ‹Chefpilot› erspart einem Unternehmen etwa zweihundert Mark monatlich.

Im Gegensatz zu diesem Unfug, der jeden mittlern Angestellten zu einem Direktor aufbläst, steht, nach des Dienstes ewig falsch gestellter Uhr, eine süße Stunde. Abends, wenn sich die ersten Lautsprecher gurgelnd übergeben, flutet die Muße über das Land herein: der Betriebsdirektor glättet die Dienstfalte seiner Amtsstirn, der Oberspielleiter klopft dem Spielleiter huldvoll auf die Schultern, und nun pladdert das ‹Menschliche› aus ihnen heraus.

Das ‹Menschliche› ist das, was sich anderswo von selbst versteht. Bei uns wird es umtrommelt und zitiert, hervorgehoben und angemalt... Wenn der kleinste Statist unter den weißen Jupiterlampen fünfundzwanzig Jahre lang die gebrochenen Ehrenworte der Filmindustrie aufgesammelt hat, dann gratulieren die Kollegen ‹dem Künstler und dem Menschen›, was sie – Dienst ist Dienst, und Schnaps ist Schnaps – sorgfältig zu trennen gelernt haben. Der Künstler ist eines, und der Mensch ist ein andres.

Aus dem ‹Menschlichen› aber, das man nie mehr ohne Anführungsstriche schreiben sollte, ein eignes Ressort gemacht zu haben, ist den Deutschen vorbehalten geblieben, die sich so ziemlich im Gegensatz zur gesamten andern Welt einbilden, es gäbe etwas ‹rein Dienstliches›, oder, noch schlimmer: ‹rein Sachliches›. Wenn die Herren Philologen mir das freundlichst in eine andere Sprache übersetzen wollen – ich vermags nicht.

Jede Anwendung dieses törichten Modewortes ‹menschlich› bedeutet das Eingeständnis an das ‹Dienstliche›, das in Deutschland das ‹Menschliche› bewußt ausschließt oder es allenfalls, wenn der Vorgesetzte gerade nicht hinsieht, aus Gnade und Barmherzigkeit hier und da ins Amtszimmer hineinschlüpfen läßt. Zu suchen hat es da viel, aber es hat da nichts zu suchen.

Es ist ein deutscher Aberglaube, anzunehmen, jemand könne durch künstliche und äußerliche Ressorteinteilungen seine Verantwortung abwälzen; zu glauben, es genüge, eine Schweinerei als ‹dienstlich› zu bezeichnen, um auf einem neuen Blatt a conto ‹Menschlichkeit› eine neue Rechnung zu beginnen; zu glauben, es gebe überhaupt irgend etwas auf der Welt, in das sich das menschliche Gefühl, hundertmal verjagt, tausendmal wiederkommend, nicht einschleiche. «Es ist ein Irrtum», hat neulich in Stettin ein Unabsetzbarer im Talar gepredigt, «zu glauben, die Geschworenengerichte hätten nach dem Gefühl zu urteilen – sie haben lediglich nach dem Gesetz zu urteilen.» So sehen diese Urteile auch aus, seit die Unabsetzbaren die Laien beeinflussen – denn ein Urteil ‹lediglich nach dem Gesetz› gibt es nicht und kann es nicht geben.

Aber das ist die deutsche Lebensauffassung, die die Verständigung mit andern Völkern so schwer macht. Das ‹Menschliche› steht hierzulande im leichten Ludergeruch der Unordnung, der Aufsässigkeit, des unkontrollierbaren Durcheinanders; der Herr Obergärtner liebt die scharfen Kanten und möchte am liebsten bis Dienstschluß alle Wolken auf Vorderwolke anfliegen lassen, bestrahlt von einer quadratischen Sonne... Sie haben sich das genau eingeteilt: das ‹Dienstliche› ist hart, unerbittlich, scharf, rücksichtslos, immer nur ein allgemeines Interesse berücksichtigend, das sich dahin auswirkt, die Einzelinteressen schwer zu beschädigen – das ‹Menschliche› ist das leise, in Ausnahmefällen anzuwendende Korrektiv sowie jene Stimmung um den Skattisch, wenn alles vorbei ist. Das ‹Menschliche› ist das, was keinen Schaden mehr anrichtet.

Sie spielen Dienst. Eine junge Frau besucht ihren Mann, der ist Kellner in einem kleinen Café. In Frankreich, in England, in romanischen Ländern spielt sich das so ab, daß sie ihn in der Arbeit nicht stören wird, ihm aber natürlich herzhaft und vor allen Leuten guten Tag sagt. Bei uns –? Bei uns spielen sie Dienst. «Denn er ist im Dienst und darf nicht aus der Rolle fallen, sonst gibt es Krach mit dem Chef, der hinter dem Kuchentisch steht.» Er darf nicht aus der Rolle fallen... Sie spielen alle, alle eine Rolle.

Sie sind Betriebsdirektoren und Kanzleiobersekretäre und Komparseriechefs, und wenn sie es eine Weile gewesen sind, dann glauben sie es und sind es wirklich. Daß jedes ihrer Worte, jede ihrer Handlungen, ihr Betragen, ihre Ausflüchte und ihre Sauberkeit bei der Arbeit, ihre Trägheit des Herzens und ihr Fleiß des Gehirns vom ‹Menschlichen› herrühren, das sie, wie sollte es auch anders sein, nicht zu Hause gelassen haben, weil man ja seine moralischen Eingeweide nicht in der Garderobe abgeben kann –: davon ahnen sie nichts. Sie sind im ‹Dienst›; wenn ich im Dienst bin, bin ich ein Viech, und ich bin immer im Dienst.

Sie teilen, Schizophrene eines unsichtbaren Parademarsches, ihr Ich auf. «Ich als Oberpostschaffner» ... schreibt einer; denn wenn er seine Schachspielerqualitäten hervorheben will, dann schreibt er: «Ich als Mitglied des Schachklubs Emanuel Lasker.» Der tiefe Denkfehler steckt darin, daß sie jedesmal mit der ganzen Person in einen künstlich konstruierten Teil kriechen; als ob der ganze Kerl Schachspieler wäre, durch und durch nichts als Schachspieler...! «In diesem Augenblick, wo ich zu Ihnen spreche, bin ich lediglich Vormundschaftsrichter» – das soll er uns mal vormachen! Und er macht es uns vor, denn es ist sehr bequem.

Daher alle die Ausreden: «Sehen Sie, ich bin ja menschlich durchaus Ihrer Ansicht» – daher die im tiefsten feige Verantwortungslosigkeit aller derer, die sich hinter ein Ressort verkriechen. Denn wer einem schlechten System dient, kann sich nicht in gewissen heiklen Situationen damit herausreden, daß er ja ‹eigentlich› und ‹menschlich› nicht mitspiele... Dient er? Dann trägt er einen Teil der Verantwortung.

Und so ist ihr deutscher Tag:

Morgens steht der Familienvater auf, drückt als Gatte einen Kuß auf die Stirn der lieben Gattin, küßt die Kinder als Vater und hat als Fahrgast Krach auf der Straßenbahn mit einem andern Fahrgast und mit dem Schaffner. Als Steuerzahler sieht er mißbilligend, wie die Straßen aufgerissen werden; als Intendanzsekretär betritt er das Büro, wobei er sich in einen Vorgesetzten und in einen Untergebenen spaltet; als Gast nimmt er in der Mittagspause ein Bier und eine Wurst zu sich und betrachtet als Mann wohlgefällig die Beine einer Wurstesserin. Er kehrt ins Büro zurück, diskutiert beim Kaffee, den er holen läßt, als Kollege und Flachwassersportler mit einem Kollegen einige Vereinsfragen, schält einen Dienstapfel, beschwert sich als Telefonabonnent bei der Aufsicht, hat als Onkel ein Telefongespräch mit seinem Neffen und kehrt abends heim – als Mensch? «Il est arrivé!» sagte jemand von einer Berühmtheit. «Oui», antwortete Capus, «mais dans quel état!»

Der deutsche Mensch, der auch einmal ‹Mensch sein› will, eine Vorstellung, die mit aufgeknöpftem Kragen und Hemdsärmeln innig verknüpft ist – der deutsche Mensch ist ein geplagter Mensch. Nur im Grab ist Ruh... wobei aber zu befürchten steht, daß er als Kirchhofsbenutzer einen regen Spektakel mit einem nichtkonzessionierten Spuk haben wird...

Statt guter Gefühle die Sentimentalität jaulender Dorfköter; statt des Herzens eine Registriermaschine: Herz; statt des roten Fadens ‹Menschlichkeit›, der sich in Wahrheit durch alle Taue dieses Lebensschiffes zieht, die Gründung einer eignen Abteilung: Menschlichkeit – nicht einmal Entseelte sind es. Verseelt haben sie sich; die Todsünde am Leben begangen; mit groben Fingern Nervenenden verheddert, verknotet, falsch angeschlossen... und noch der letzte Justizverbrecher im Talar ist nach der Untat, unter dem Tannenbaum und am Harmonium, in Filzpantoffeln, auf dem Sportplatz und im Paddelboot, rein menschlich ein menschlicher Mensch.

Ignaz Wrobel (1928)

Konjugation in deutscher Sprache

> Ich persönlich liebe
> du liebst irgendwie
> er betätigt sich sexuell
> wir sind erotisch eingestellt
> ihr liebt mit am besten
> sie leiten die Abteilung: Liebe

Kaspar Hauser (1928)

«eigentlich»

Das ist ein schönes, deutsches Wort, so schön, daß man es nicht einmal ins Französische übersetzen kann. «Proprement dit» ...nein, «eigentlich» ist überhaupt kein Wort. Das ist eine Lebensauffassung.

Da leben die Leute in ihren Vierzimmerwohnungen und verdienen elfhundertundsiebenunddreißig Mark im Monat, und haben eine Frau und zwei Kinder (oder umgekehrt), und fahren jeden Tag mit der Untergrundbahn... aber «eigentlich» sind sie ganz etwas anders. Dichter zum Beispiel, für die das äußere Leben nur provisorisch vorhanden ist, bis sie eines Tages einsehen, daß dieses Provisorium alles war, und daß nichts mehr danach kommt... und Prominente sind sie in irgendeiner Kunst, Beamte, Politiker; sie gehen, nennt man das, in ihrem Beruf auf – kurz: «eigentlich» sind sie alle ganz etwas anders. Man sieht es ihnen gar nicht an, das Eigentliche.

Es wimmelt von verkappten Königen, die inkognito leben. Vielleicht braucht jeder diesen kleinen Privatstolz, sonst könnte er es ja wohl nicht durchstehen; vielleicht muß diese Bezugnahme auf einen tieferen, oft nur vermeintlichen Wert dasein, man könnte sonst nicht leben. Es gibt so viel Verhinderte...

Da sind die «Nur-Journalisten», die «eigentlich» Dichter sind, so große lyrische Dichter, daß Stefan George von Glück sagen kann; «eigentliche» Musiker gibt es zu Hunderttausenden, es ist ein Glück, daß uns die meisten erspart bleiben. Es kommt aber, wenns soweit ist, gar nicht auf das Eigentliche an.

«Eigentlich» haben die Richter ihn freisprechen wollen, aber dann haben sie ihn doch verurteilt... und nun sitzt er im Gefängnis und kann mit dem Eigentlichen nicht viel beginnen. «Eigentlich» sollte er Privatdozent werden, aber er ist dann doch in die Industrie gegangen. Eigentlich bin ich ja ein Freidenker, aber wenn meine Schwiegermutter will, daß wir uns kirchlich trauen lassen...? Eigentlich müßte man sich diesen Wucher nicht gefallen lassen, aber wir zahlen dann doch.

Und eigentlich sind wir ja dem Arbeitgeber, der uns bedrückt, tausendfach überlegen, und wir spotten seiner und sind so feine

Herren... Und eigentlich sind wir überhaupt ganz anders, als man glauben könnte, wenn man uns so leben sieht. Wonach es aber nicht geht.

Sondern es geht nach dem Erfolg und nach der Wirklichkeit. Und es ist ein schöner und gefährlicher deutscher Traum, die Realität zu ignorieren, und im Wunschland zu leben, wo es nichts kostet und wo alles glatt und hemmungsfrei zugeht. So fliehen sie – und bleiben auf derselben Stelle.

Und so leben eigentlich viele Leute mit dem Kopf in den höheren Schichten und spielen sich ein Dasein vor, das sie gar nicht führen, obgleich sie es führen – und eigentlich sind sie auch gar keine mondänen Sportsleute, sondern geborener Mittelstand, der aus den Pantinen gekippt ist. Es gibt ein Ding, das es deutlicher zeigt als alles andere: das ist die Fassadenarchitektur, die nicht immer klassizistisch oder barock sein muß – falsche Intimität, falscher Reichtum und falsches Silber tuns auch. Ja, es gibt sogar falsche Ornamentlosigkeit...

Ein merkwürdiges Wechselspiel: mal ist das zugrunde liegende «Eigentliche» unwahr, und mal stimmt die Oberfläche nicht... Weil aber keiner ganz er selber ist, so bleibt immer ein kleines «Eigentlich» übrig, auf das er sich, bei Bedarf, zurückziehen kann. Denn was wollen sie eigentlich alle –? Proprement dit: das Glück.

Peter Panter (1928)

Nur

«Es ist ein Irrtum zu glauben», habe ich neulich bei einem hochfeinen Schriftsteller gelernt, «daß die Arbeiter die Türme erbaut haben; sie haben sie nur gemauert.»

Nur – ‹nur› ist gut.

Es ist immer wieder bewunderswert, daß nicht viel mehr Türme einstürzen, Eisenbahnbrücken zusammenkrachen, Räder aus den Gleisen springen... auf wem ruht das alles? Auf einem Zwiefachen.

Auf dem Geist, der es ersonnen hat – und auf der unendlichen

Treue, die es ausführte. Der geistige Mitarbeiter hat, manchmal wenigstens, noch mehr als eine innerliche Befriedigung von seinem Werk; er ist an den Überschüssen beteiligt, er kann sich Aktien kaufen, er hat den Ruhm, er macht seinen Namen bekannt... manchmal. (Obgleich die großen Konzerne es verstanden haben, auch den Ingenieur, den Erfinder, den geistigen Bastler in ein trostloses Angestelltenverhältnis hinabzudrücken – der Arbeiter überschätze ja nicht den weißen Kragen: der täuscht.) Aber was hat der Arbeiter –?

Den unzulänglichen Lohn. Wenig Befriedigung. Im allerbesten Fall das verständnisvolle Lob des Werkmeisters, der seine Leute kennt und der von Schulze IV weiß: «Der Junge ist richtig. Wo ich den hinstelle, da klappts.» Das ist denn aber auch alles.

Um so beachtlicher, mit welcher Lust, mit welcher Treue im kleinen, mit welcher ernsten Fach- und Sachkenntnis dennoch alle diese Arbeiten ausgeführt werden. Es ist natürlich in erster Reihe die Überlegung: Mache ich das hier nicht gut, fliege ich auf die Straße... und dann –? Aber daneben ist es doch auch der Stolz des Fachmannes; die Freude an der Sache, trotz alledem, obgleich sich so viele bemühen, sie dem Arbeiter auszutreiben. Er vergißt mitunter, für wen er da eigentlich arbeitet, denn der Mensch ist schon so, daß ihn die Arbeit gefangennehmen kann, und er zieht die Schrauben an, als wären es seine eigenen, und als bekäme er es bezahlt. Er bekommt es nicht bezahlt; er bekommt nur seinen Wochenlohn.

Da hängen sie auf den Türmen, da liegen sie auf den Brücken, da lassen sie sich an Stellings herunter und pinseln auf schwanken Gerüsten – ich vergaß hinzuzufügen: nur. Sie mauern nur. Sie sorgen nur dafür, daß sich die geistige Vision des Erbauers auch verwirkliche – was ist denn das schon, nicht wahr, das kann doch jeder... Ob es auch der feine Schriftsteller kann, der dieses ‹nur› hingeschrieben hat, das möchte ich bezweifeln. Daher ich der Meinung bin:

Der Handarbeiter ist dem Kopfarbeiter gleichzusetzen. Der eine ist unfähig, einen Turm auf dem Papier zu konstruieren, kennt nicht die heißen Nächte, wo das Werk, noch in den Wolken schwebend, nach Erfüllung ruft; der andere kann nicht jeden

Morgen um fünf aufstehen, bei jedem Wetter zur Stelle sein, schwindelfrei arbeiten, seine Körperkraft drangeben... jeder seins.

‹Nur›? – Das Überflüssigste auf der Welt ist ein kleinbürgerlicher Philosoph.

Kurt Tucholsky (1929)

Aus dem Rinnstein geklaubt–?

«Er wußte um die Geheimnisse des Seins...» solche Wendungen sollte man auf Gummistempel schneiden und dann verbrennen.

Peter Panter (1931)

Das schauerlichste Wort, das uns der marxistische Slang beschert hat, ist das Wort von der ‹richtigen› Politik. Sie wissen es ganz genau.

Peter Panter (1932)

Den Menschen aus der Seele zu schreiben –: das könnte eine Aufgabe sein.

Aber daß wir den Kunstkaufleuten aus der Seele schreiben –: das kann Gott nicht gewollt haben.

Peter Panter (1932)

«Machen S' halt eine Eingabe!»

In Berlin kommen auf jede Wohnung dreizehn Personen: drei, die darin wohnen, und zehn, die draußen darauf warten, daß sie frei wird. Zu diesem Behufe – und auch, damit die Beamten zu tun haben und damit wir wissen, wie eine Behörde aussieht, und überhaupt –: zu diesem Behufe schuf Gott die Wohnungsämter.

Dieselben bestehen aus vielen Büroräumen (deren Aufhebung allein schon die ganze Wohnungsfrage lösen würde), aus einer Anzahl von Beamten, die zwar keine Wohnungen, aber Akten aus der Erde stampfen können und aus vielen Regalen und keiner Wohnung. Ja, und dann sind da noch die Petenten, die Parteien, das Publikum. Aber das kommt ja erst in letzter Linie.

Nun haben diese Leute mitunter die seltsame Angewohnheit, das Wohnungsamt mit Bitten und Beschwerden zu belästigen – was ebenso lächerlich wie ungehörig ist – denn das Wohnungsamt ist, wie jede Behörde, um seiner selbst willen da. Gut. Und weil man nun nicht den ganzen Tag Fliegen fangen und sich wichtig machen kann, so hat ein besonders strebsamer berliner Wohnungsbeamter «Briefe an das Wohnungsamt» gesammelt. Die Stilblüten aus diesen Briefen gehen hier von Hand zu Hand, und soweit sie druckbar sind, sollen sie hier mitgeteilt werden.

«Ich bin seit fünf Monaten verheiratet und meine Frau ist in Umständen. Ich frage hiermit das Wohnungsamt: *Muß das sein?*» – schreibt einer. Und was allen diesen Briefen gemeinsam ist, das ist nicht nur ihre maßlose, unfreiwillige Komik, sondern vor allem eine seltsame Verquickung von Papierdeutsch und falsch verstandener Phrase. Es ist, wie wenn das Aktendeutsch wild geworden und mit dem Schreiber durchgegangen wäre. Sie haben alle die schönen Verordnungen gelesen und haben annähernd behalten, wie schön sich darin die hohe Behörde auszudrücken pflegte – aber so genau ist das nicht haften geblieben, und was übrig bleibt, sieht dann so aus:

«Dieses Zimmer ist nicht nur gesundheitsschädlich, sondern es untergräbt auch die gute Sitte meines achtjährigen Jungen.» Oder idyllisch:

«Nachts muß ich den Regenschirm aufspannen, und morgens

scheint der Sonnenschein lustig durch dem Dache herein.» Oder ein seltsames Naturschauspiel:

«In einigen Wochen sieht meine Frau ihrer Niederkunft entgegen, sowie meine alte mittellose Schwiegermutter.» Oder ganz pervers:

«Direkt unter meiner Wohnung züchtigt eine Frau zwei Schweine.» Oder sehr seltsam:

«Ich habe Rheumatismus und ein Kind von vier Jahren. Dieses ist auf Feuchtigkeit zurückzuführen...»

Und alle wollen so schrecklich gern genau so schreiben wie die Beamten, an die sie sich wenden, und weil sie wiederum mehr gesunden Menschenverstand, aber weniger Übung haben als diese, so kommt eben jener Stilmischmasch zustande, wie zum Beispiel:

«Diese Wohnung ist erstens gesundheitswiderlich, zweitens wegen dieser großen Haushaltung auch sittlich nicht maßgebend.» Und besonders schön ist es, wenn sich die Phrase zu einem kleinen pathetischen Galopp versteigt:

«Um mich von der Stufe des Niederganges zu erheben, in deren Kot ich leidend wühle, gibt es nur eine exemplarische Möglichkeit: schnellste Beschaffung einer Wohnung, die Platz genug bietet, mit meiner Frau nebeneinander zu leben.» Oder so:

«Ich habe eine Tochter und zwei Söhne, und wir sind hier alle so beschränkt, daß wir nur zwei Betten aufstellen. In dem einen schlafe ich mit meiner sechzehnjährigen Tochter, was allein schon gegen das Zuchthaus ist.»

Das hat mit ihrem Singen die Polizeiverfügung getan. (Denn wir haben es ja erlebt, was manche Kommunistenscharen taten, wenn sie eine Stadt «erobert» hatten: das erste war, Verfügungen ganz im Stil ihrer bisherigen Unterdrücker herauszugeben. Es sind umgekehrte Beamte.)

Denn wenn ein Kopf mit einem Geschehnis zusammenprallt, so kann ein sprachliches Erlebnis daraus entstehen. Aber wehe, wenn nur *eine* Phrase in der Nähe ist! Man kann sich so leicht anstecken, ganze Völkerschaften sind durch sie verseucht, und so entstehen denn die Malheure: lyrische Gedichte, Kriege und Briefe an das Wohnungsamt.

Peter Panter (1923)

Man sollte mal...

Man sollte mal heimlich mitstenographieren, was die Leute so reden. Kein Naturalismus reicht da heran. Gewiß: in manchen Theaterstücken bemühen sich die Herren Dichter, dem richtigen Leben nachzuahmen – doch immer mit der nötigen epischen Verkürzung, wie das Fontane genannt hat, der sie bei Raabe vermißte, immer leicht stilisiert, für die Zwecke des Stücks oder des Buchs zurechtgemacht. Das ist nichts.

Nein, man sollte wortwörtlich mitstenographieren – einhundertundachtzig Silben in der Minute – was Menschen so schwabbeln. Ich denke, daß sich dabei folgendes ergäbe:

Die Alltagssprache ist ein Urwald – überwuchert vom Schlinggewächs der Füllsel und Füllwörter. Von dem ausklingenden «nicht wahr?» (sprich: «nicha?») wollen wir gar nicht reden. Auch nicht davon, daß: «Bitte die Streichhölzer!» eine bare Unmöglichkeit ist, ein Chimborasso an Unhöflichkeit. Es heißt natürlich: «Ach bitte, seien Sie doch mal so gut, mir eben mal die Streichhölzer, wenn Sie so freundlich sein wollen? Danke sehr. Bitte sehr. Danke sehr!» – so heißt das.

Aber auch, wenn die Leute sich was erzählen – da gehts munter zu. Über Stock und Steine stolpert die Sprache, stößt sich die grammatikalischen Bindeglieder wund, o tempora! o modi!

Das oberste Gesetz ist: Der Gesprächspartner ist schwerhörig und etwas schwachsinnig – daher ist es gut, alles sechsmal zu sagen. «Darauf sagt er, er kann mir die Rechnung nicht geben! Er kann mir die Rechnung nicht geben! Sagt er ganz einfach. Na höre mal – wenn ich ihm sage, wenn ich ganz ruhig sage, Herr Wittkopp, gehm Sie mir mal bitte die Rechnung, dann kann er doch nicht einfach sagen, ich kann Ihnen die Rechnung nicht geben! Das hat er aber gesagt. Finnste das? Sagt ganz einfach...» in infinitum.

Dahin gehört auch das zärtliche Nachstreicheln, das manche Leute Pointen angedeihen lassen. «Und da sieht er sie ganz traurig an und sagt: Wissen Sie was – ich bin ein alter Mann: geben Sie mir lieber ein Glas Bier und eine gute Zigarre!» Pause. «Geben Sie mir lieber ein Glas Bier und eine gute Zigarre. Hähä.» Das ist wie Selterwasser, wenn es durch die Nase wiederkommt...

Zweites Gesetz: Die Alltagssprache hat ihre eigene Grammatik. Der Berliner zum Beispiel kennt ein erzählendes Futurum. «Ick komm die Straße langjejangn – da wird mir doch der Kuhkopp nachbrilln: Un vajiß nich, det Meechen den Ring zu jehm! Na, da wer ick natierlich meinen linken Jummischuh ausziehen un ihn an Kopp schmeißn...»

Drittes Gesetz: Ein guter Alltagsdialog wickelt sich nie, niemals so ab wie auf dem Theater: mit Rede und Gegenrede. Das ist eine Erfindung der Literatur. Ein Dialog des Alltags kennt nur Sprechende – keinen Zuhörenden. Die beiden Reden laufen also aneinander vorbei, berühren sich manchmal mit den Ellenbogen, das ist wahr – aber im großen ganzen redet doch jeder seins. Dahin gehört der herrliche Übergang: «Nein.» Zum Beispiel:

«Ich weiß nicht (sehr wichtige Einleitungsredensart) – ich weiß nicht: wenn ich nicht nach Tisch meine Zigarre rauche, dann kann ich den ganzen Tag nicht arbeiten.» (Logische Lässigkeit: es handelt sich um den Nachmittag.) Darauf der andere: «Nein.» (Völlig idiotisch. Er meint auch gar nicht: Nein. Er meint: mit mir ist das anders. Und überhaupt...) «Nein. Also wenn ich nach Tische rauche, dann...» folgt eine genaue Lebensbeschreibung, die keinen Menschen interessiert.

Viertes Gesetz: Was gesagt werden muß, muß gesagt werden, auch wenn keiner zuhört, auch, wenn es um die entscheidende Sekunde zu spät kommt, auch wenns gar nicht mehr paßt. Was so in einer ‹angeregt plaudernden Gruppe› alles durcheinandergeschrien wird – das hat noch keiner mitstenographiert. Sollte aber mal einer. Wie da in der Luft nur für die lieben Engelein faule Pointen zerknallen und gute auch, wie kein Kettenglied des allgemeinen Unterhaltungsgeschreis in das andere einhakt, sondern alle mit weitgeöffneten Zangen etwas suchen, was gar nicht da ist: lauter Hüte ohne Kopf, Schnürsenkel ohne Stiefel, Solo-Zwillinge... das ist recht merkwürdig.

Ungeschriebne Sprache des Alltags! Schriebe sie doch einmal einer! Genau so, wie sie gesprochen wird: ohne Verkürzung, ohne Beschönigung, ohne Schminke und Puder, nicht zurechtgemacht! Man sollte mitstenographieren.

Und das so Erraffte dann am besten in ein Grammophon sprechen, es aufziehen und denen, die gesprochen haben, vorlaufen lassen. Sie wendeten sich mit Grausen und entliefen zu einem schönen Theaterstück, wissen Sie, so eines, Fritz, nimm die Beine da runter, wo man so schön natürlich spricht, reine wie im Leben, haben Sie eigentlich die Bergner, find ich gar nicht, na also, mir ist sie zu...

Man sollte mitstenographieren.

Peter Panter (1927)

Der Quatsch

Der politische Quatsch
«...und dann werd ich Ihnen überhaupt mal was sagen: Wenn wir nämlich mit England und Frankreich zusammengehn, dann kann Amerika sehn, wo es bleibt! Coolidge...» – «Meine Herren, vergessen Sie Indien nicht! In Indien geht was vor! Chamberlain...» – «Aber meine Herren, Sie müssen die Sache auch mal vom wirtschaftspolitischen Standpunkt aus betrachten! Vom wirtschaftlichen Standpunkt aus...»

Der Geschäftsquatsch
«...nun hab ich den Leuten erklärt: wenn ihr die Hypothek nicht an Bronnemann gebt, dann wird eben Bronnemann aus der Sache rausgehen! Mein Schwager in Frankfurt schreibt mir hier, er sieht die Lage ganz anders an... 's is ja auch heute schwer! Ich meine, schon rein aus steuertechnischen Gründen können wir ja das gar nicht machen! Sehn Sie mal: wer hat denn heute Geld? Haben *Sie* Geld...»

Der Familienquatsch
«...und da hat Lucie zu Jenny gesagt, sie hätte das nie zu Oskar gesagt, daß Erwin ihr nichts gesagt hat! Wie finnste das...? Na, das ist doch ganz klar, woher soll sie denn das wissen! Nein? – Nein! Wenn du zu Mama nicht gesagt hättest, daß ich es dir gesagt hätte, dann hätte Tante Emmi auch nicht sagen können, daß Max es Jenny gesagt hat! Na, hör doch mal zu, was ich dir sage...! Laß mich doch mal zu Wort kommen...!»

Der Literaten-Quatsch
«...meine Einstellung ist einfach die, daß unsere Mentalität da irgendwie schon sehr gut ist!» – «Jedenfalls kann er mit dem Hemmungskomplex seine Reaktionen so überhaupt nicht abreagieren, das können Sie doch in jedem Roman von ihm sehen – erzählen Sie mir doch nichts von Expressionismus – der Expressionismus ist tot, na, nun kommen Sie mir noch mit Spengler – dann laufe ich aber raus –!»

Der erotische Quatsch
«...na ja, gnädige Frau, aber in der heutigen Zeit – ich meine, bei der neuen Sachlichkeit – wir haben eben nicht so viel Zeit für unsere Gefühle wie unsre Großeltern – sehn Sie mal, der Moment des Sportes – man muß ja auch bedenken, daß die Natur da mitspricht! Es ist eben ein neues Zeitalter, und ich könnte mir schon eine Frau denken, die eben, ja, die eben hemmungslos ihren Trieben folgt, weil das Blut in ihr schreit...»

Der medizinische Quatsch
«...da werden Sie mir nichts erzählen! Ich habe einen Onkel, der kannte den Medizinalrat Dr. Proppke vom Städtischen Krankenhaus sehr gut! Nein, meine Herren – in medizinischen Fragen bin ich nun also kompetent, sozusagen! Also, sehn Sie mal: die Lunge treibt das Blut durch die Aorta, oben fließt es rein, und unten fließt es wieder raus – da haben die Nieren überhaupt nichts mit zu tun, das können Sie mir glauben! Aber die Milz, die Milz, meine Herren, die hat ja nun mehr eine Funktion, und wenn die Milz sprechen könnte, da würde sie sagen –»

Die Sprache dient nur in seltenen Fällen dazu, die Gedanken zu verbergen – denn dies setzte voraus, daß jeder Sprechende auch Gedanken hat. Dem ist mitnichten so. Die Sprache hat vielmehr die Aufgabe, die Leere auszufüllen, Leben anzuzeigen; sie ist häufig um ihrer selbst willen da. Der Kern der Rede ist – in allen Sprachen – von Gequatsch umgeben. Man sagt nicht: «Dem Schauspieler Pinnemann ist ein kleines Unglück zugestoßen» – sondern man sagt so: «Sagen Sie mal – was ich sagen wollte – wissen Sie eigentlich, daß sich der... wie heißt er doch gleich...

ja, daß sich der Pinnemann, wissen Sie, der Schauspieler, den kennen Sie doch! Natürlich kennen Sie den! Also daß der Pinnemann neulich von der Bühne runter in die Pauke gefallen ist? Ja, direkt in die Pauke! Hähä –! Fällt da runter und setzt sich in die Pauke –» So heißt das.

Es gibt vielerlei Arten von Quatsch: den erotischen Quatsch, den politischen Quatsch, den geschäftlichen, den Familienquatsch und den Quatsch schlechtweg. Ich glaube nicht, daß die Menschen ohne diesen Quatsch überhaupt leben könnten – sie kommen ohne ihn nicht aus, sie brauchen ihn wie die Luft und das Wasser – er ist ein Lebenselement.

Mach die Ohren auf und lausche, was um dich gesagt wird: hätten die gesprochenen Worte eine Taxe wie die Telegrammworte, so hörtest du viel weniger, aber die Worte sind gratis und franko, und daher braust um dich der Quatsch. Es gibt ja wortkarge Leute, so jenen Hamburger, der neben einem Schiffer am Elbufer stand und stundenlang ins Wasser sah. Alle halbe Stunde spuckten sie hinein. Nach anderthalb Stunden sagte der Hamburger zum Schiffer: «Schoines Wetter heute!» – Der Schiffer sah gar nicht auf: aber nach einer weiteren halben Stunde brummte er vor sich hin: «Dat seh ick auch, ohne to snacken –!» So wortkarg sind leider nur wenige. – Vielmehr gleicht die Welt, was das Geräusch angeht, einem Hühnerhof: Welch ein Gekakel, welch ein Krähen, Gackern, Gluckern, Kikeriki –! Aber das muß wohl so sein, denn sonst wäre es nicht so.

Höre, wenn du dies gelesen hast, um dich und sage ehrlich, was du da zu hören bekommst. Wenn du es alles vernommen hast, dann wirst du jenen alten und weisen Mann verstehen, dem der Arzt den Schnaps verboten hatte, seines Gehörs wegen. Als der Patient wieder in die Sprechstunde kam, da war er stocktaub und hörte überhaupt nichts mehr. Der Arzt war entsetzt. «Sie haben getrunken!» schrieb er dem alten Mann auf einen Zettel. «Ich habe es Ihnen prophezeit und nun haben Sie Ihr Gehör verloren…!» Da sprach der alte Mann: «Lieber Herr Doktor! Alles, was ich gehört habe, war nicht so gut wie Schnaps.»

Hatte er nicht recht?

Peter Panter (1928)

Deutsch für Amerikaner

Ein Sprachführer

Ankunft
Eingang verboten.
Ausgang verboten.
Durchgang verboten.
Herr Gepäckträger, tun Sie diese Koffer auf die leichte Schulter nehmen?
Ich werde mir einen Sonnabend daraus machen, mein Herr.
Ist jene Automobildroschke ledig?
Warten Sie, wir haben noch einen Golfhauer sowie zwei Hüteschächtel.
Dies hier ist Ihr Getränkegeld, ist es nicht?
Bezüglich dessen scheint es mir ein wenig wenig. (Sprich: «krieje noch fummssich Fennje!»)
Autotreiber! Geh an! Ich ziehe das Christliche Hospiz vor!
Rauchen verboten.
Parken verboten.
Durchfahrt verboten.

Begrüßungen
Guten Tag, wie fühlen Sie?
Heute ist ein wahrlich feiner Tag, ist es nicht?
Sie sehen aus wie Ihre eigne Großmutter, gnädige Frau!
Darf ich Ihnen meinen lieben Mann vorstellen; nein, dieser hier!
Ich bin sehr froh, Sie zu sehen; wie geht es Ihrem Herrn Stiefzwilling?
Werfen Sie das häßliche Kind weg, gnädige Frau; ich mache Ihnen ein neues, ein viel schöneres.
Guten Morgen! (sprich: Mahlzeit!)
Guten Tag! (sprich: Mahlzeit!)
Guten Abend! (sprich: Mahlzeit!)
Danke, es geht uns gut – wir leben von der Differenz.

Im Restaurant
Bringen Sie mir eine Portion Zahnstocher sowie das Adressenbuch.
Das ist nicht mein Revier.
Meine Frau wünscht einen Wiener Schnitzer; ich habe Zitronenschleim gewählt.
Das ist nicht mein Revier.
Bringen Sie mir einen kokainfreien Kaffee.
Wir haben in Amerika die Verhinderung; bringen Sie mir daher eine Flasche eisgekühlten Burgunders, auch drei Gläser Whisky mit Gin sowie kein Selterwasser.
Das ist nicht mein Revier.

Auf dem Postamt
Dieser Schalter ist geschlossen.
Sie müssen sich auf den Hintern anstellen.
Ich erwarte schon seit Jahren eine größere Geldsendung.
Wo ist die Schaltung für freie Marken und die Briefschaukel?
Wollen Sie so kindlich sein, hinten meine Marke anzulecken?
In dieser Telefonzelle riecht man nicht gut.
Hallo! Ich wünsche eine Nummer zu haben, aber der Telefonfräulein gewährt sie mir nicht.
Meine Näm ist Patterson; ich bin keine Deutsch; hier ist mein Paßhafen.

Im Theater
Geben Sie mir einen guten Platz.
Wir haben keine guten Plätze; wir haben nur Orchesterfauteuils.
Wird Ernst Deutsch diesen Abend spielen?
Wie Sie sehen, haben wir Festspiele; infolgedaher wird er nicht vorhanden sein.
Dies ist ein guter Platz; man hört nicht viel.
Von wem ist dieses Stück?
Dieses Stück ist von Brecht.
Von wem ist also dieses Stück?
Zeigen Sie mir die blaue Bluse der Romantik.

Des Nachts

Sie sind ein Süßherz, mein Liebling, tun Sie so?

Das ist mir zu teuer.

Ei, mein Fräulein, könnten Sie sich dazu verstehen, mich durch den Abend zu streifen?

In Paris gibt es solche Häuser; sie sind sehr praktisch.

Hätten Sie wohl die Gewogenheit, auch die Strümpfe abzulegen?

In Amerika tun wir so etwas nicht.

Dies ist wahrlich teuer; Sie sind ein Vamp.

Danke, meine Dame, ich habe schon eine Beziehung; sie (er) hat meine gänzliche Liebe.

Konversation

Er ist ein Stockchinese.

Du bist ein Wahlsachse.

Mangels einer Wäschemangel können jene Kragen nicht gewaschen werden.

Meinen Frau Gräfin nicht auch, daß dies ein rechtes Scheißwetter sein dürfte?

Die berliner Festspiele sind gute Festspiele; aber bei uns in Amerika haben wir die größte Tomatenexportehschn von der Welt.

Leihen Sie mir bitte Ihren linken Gummischuh!

Ich habe einen guten Charakter zuzüglich eines Bandwurmes.

Jener Funkturm ist niedlich.

Bitte zeigen Sie mir den berliner Verkehr.

So habe ich es nicht gemeint!

Dieser Löwe macht einen so zusammengeschmetterten Eindruck.

Ich spreche schon geflossen deutsch; nur manchesmal breche ich noch etwas Rad.

Nach Börlin besuchen wir noch Europa, Persien und Heidelberg, aber am 4. September, acht Uhr erste Minute werden wir New York anfahren. Good-bye –!

Kaspar Hauser (1929)

Jonathans Wörterbuch

Der Kandidat der Gottesgelahrtheit Jonathan Tallywags aus der Grafschaft Sussex verbrauchte in seinem ersten Semester allabendlich 1 Gläschen Whisky, in seinem zweiten Semester 1 Glas, in seinem dritten 4 Gläser, in seinem vierten 1 Flasche, in seinem fünften 4 Flaschen, in seinem sechsten nur 5 Flaschen (da war er einem Methodistenprediger in die Hände gefallen); nunmehr stand er in seinem zweiundzwanzigsten Semester und bei einer Gallone Whisky auf den Abend. Er war ein Mann in den besten Jahren.

Da starb sein Vater, der ehrwürdige Mister Tallywags aus Nutmegs (Sussex), und Jonathan sah sich vor die unangenehme Aufgabe gestellt, als einziger Sohn in den Nachlaß zu treten. Dieser zeichnete sich dadurch aus, daß er nicht vorhanden war. Nun war guter Whisky teuer. Der verlorene Sohn ging nach London. In einer schlaflosen Nacht, in der J. Tallywags sternhagelnüchtern war und dementsprechend litt, kam er auf den abenteuerlichen Gedanken, zu arbeiten. Sie können sich das Gelächter vorstellen, das sich erhob, als er diesen seinen Plan am nächsten Morgen im ‹Fireship› am Tisch ankündigte; der besorgte Wirt kam herbeigelaufen, ob den Herren etwas fehle – so einen Krach machten sie! Schließlich verliefen sie sich, um anderswo weiterzusaufen, und Tallywags blieb traurig am Tisch zurück.

Da näherte sich ihm ein älteres Männchen, demütig, den Kopf leicht vornüber geneigt, flüsterte so etwas wie «Guten Tag, lieber Herr!» und setzte sich unaufgefordert an den runden Tisch, auf dem der Schnaps in großen Lachen stand. Tallywags sah ihn aus milde verglasten Augen an, seine Unterlippe zitterte leise – er wartete. Ja, sagte das Männchen, er habe am Nebentisch ein bißchen zugehört; das sei nicht recht vor Gott, gewiß, man könne es geradezu eine Sünde nennen – aber die Herren hätten so laut und deutlich gesprochen... Tallywags schluckte. Und er hätte gehört, sagte das Männchen, daß Herr Tallywags arbeiten wolle – und er, Männchen, habe einen Freund, der sei Verleger, und der habe einen Auftrag zu vergeben und suche demgemäß einen gelehrten Mann. Und der Herr, mit dem er hier zu sprechen die Ehre hätte, wäre doch, seinem ganzen Aussehen und seiner feinen Bildung nach zu urteilen, ein Mann der Wissenschaft, wie wäre der Name? Tallywags, sehr angenehm, sehr angenehm, er hieße Gingambobs, Abraham Gingambobs, und wenn der Herr Tallywags wolle, dann könnte man gleich zum Verleger gehn, wie...?

Tallywags stand auf, weil der andere aufstand; er zahlte nicht, weil der andere zahlte – und er schlurrte hinter ihm drein, wohin jener ihn zog. Sie landeten in einem trüben, geduckten Durchgangshaus, kletterten vier gewundene Treppen empor und standen schließlich vor einer Tür, an der hing ein blaues Schild:

Nelson
Publisher

Hinein. Zwei Männer, die sich vergeblich den Anschein zu geben versuchten, als seien sie zwei Herren, ließen sich vorstellen, wurden vorgestellt, gaben vor, Brüder zu sein und Nelson zu heißen – Platz nehmen? Bitte? Ja –:

Es handele sich um ein Wörterbuch. Um ein deutsch-französisches Wörterbuch. He? Um ein deutsch-französisches Wörterbuch. Ob Herr – Herr – hm – Tally... Tallywags – man werde ein Pseudonym wählen müssen – doch wohl deutsch und sicherlich auch französisch...? Der Alte knuffte den Kandidaten in die Seite, der gab einen Laut von sich, den man bei nebligem Wetter als Ja auffassen konnte, Manuskripte raschelten. Bücher kollerten vom Tisch und wurden wieder heraufgeholt... und als sie die Treppe heruntergingen, war Herr Tallywags im Besitz eines Auftrages, ein Lexikon herzustellen, und eines Vorschusses von vier Pfund. (Diese Geschichte liegt lange zurück.) An diesem Abend besoff er sich wie eine Segelschiffsmannschaft, die nach zwei Monaten widriger Winde in einem Hafen einläuft. Acht Wochen später war das Lexikon fertig. Tallywags hatte ein paar befreundete Kapitäne konsultiert, die ihrerseits solche Lexika in der Kajüte mit sich führten und sie unter gewaltigem Fluchen heraussuchten – er hatte sich ferner der regen Mitarbeit einer gewissen Kitty Cauliflower zu erfreuen, die ihn in strittigen Fällen liebreich belehrte. Nunmehr senkt sich die Geschichte aus den Wolken dichterischer Einbildungskraft auf den Boden jener Realität, wo rechts gefahren wird.

Denn dergleichen, sagt sich der kluge Leser, gibt es nur in Romanen. Solch versoffene Kandidaten gehören Dickensschen Zeiten an; eher will ich, sagt der Leser, an einen verzauberten Drachen glauben als an einen Verleger, der Vorschuß gibt – was sind das für Geschichten...! Gut und schön –: aber das Lexikon halte ich in Händen. Hier liegt es:

Neues
Taschen-Wörterbuch
Deutsch-Französisch
und
Französisch-Deutsch
von K. Ashe
Nelson, Editeurs
183 rue Saint-Jacques
Paris.

Ich wette um die gesammelten Werke eines Akademikers, daß dieses Buch auf keinem andern Wege als auf dem vorbezeichneten zustande gekommen sein kann. K. Ashe ist selbstverständlich ein Pseudonym, die Nelsons sind inzwischen nach Paris gezogen, und ein vollsinniger Mensch kann dieses Lexikon, das mir ein freundlicher Leser zugesandt hat, nicht verfaßt haben.

Deutsch ist bekanntlich da am schönsten, wo es an den Rändern gen den Wahnsinn hin verschwimmt: aus Kinderfehlern kann man mehr über die Muttersprache lernen als aus dem ganzen Goethe – und dieses Lexikon hat mir viele Abende verkürzt. Abgesehen von ‹Söndagsnisse Strix› und ‹The New-Yorker› habe ich lange nicht so gelacht. Schlag auf, lies:

Was ist ‹abarten›? Dégénérer. Gut, aber was ist ‹abäschern›? Was ist ‹Abbiß›? Was: ‹abblatten›? Und tief betroffen liest du weiter. ‹Mutzen›? können Sie mutzen? Ich kann es nicht, oder doch nur selten. Und was mag das sein: ‹Diskretionstags›? Eher verständlich ist schon ‹fragselig› und ‹erbittlich›, willkommene Bereicherungen der deutschen Sprache. Auch ‹Hausverstand› und ‹Leichenbuch› gehören in jedes Handwörterbuch; von ‹Strafengesetz› und der ‹Facklei› schon nicht zu reden. Dann aber wird es bewegter. Nachdem wir noch den ‹Bahnzug› und die ‹Sicherheitsanstalt› sowie das ‹Seitengespräch› genossen haben, erfreuen wir uns an leichten Sprachstörungen der beteiligten Gehirne, die dem Herrn Kandidaten Tallywags geholfen haben auf seiner schweren Fahrt. Er schreibt:

«Die großblumische Esche», was darauf schließen läßt, daß hier ein Kapitän aus der großen Seestadt Frankfurt am Main mitgetan hat; er schreibt die «Schüppe» und der «Kupferstüchsammler», was richtig ist, weil man ja auch der Schürm und der Mülschreis sagt. Was aber ist eine ‹Demutspflanze›? Das ist eine Mimose.

Soweit das Deutsche. Nun ist da aber noch das Französische, und auch dies will gekonnt sein. «Parquet» heißt ‹Spiegelfeld›, und «profil» natürlich ‹Durchschnittsansicht›; daß aber ‹Muff› «aboiement sourd», ein dumpfes Gebell ist ... das kann man nur nachts um vier Uhr verstehen, wenn der Whisky ölig-gelb in den Gläsern schaukelt. Man muß eben übersetzen können – und welcher Seemann könnte das nicht! Die helfenden Kapitäne haben ganze Arbeit gemacht. So, wie «sans-culottes» ‹Hosenlose› heißt, so heißt ‹Perlmutter› «mère de perles» – das leuchtet ein. Und das wimmelt von ganz alten französischen Wörtern, wie «tépide» für lau; und «portraiture», was es gibt – sowie «maudissible», was es nicht gibt, und was ‹fluchwürdig› heißen soll – unrichtig ist nur «wurst», was seltsamerweise ein ins Französische übergegangenes Wort ist und ‹kleiner Munitionswagen› bedeutet. Das mag alles noch angehen.

Aber stürmisch wars, und die Nacht ging hoch, der Wind heulte an den Fensterscheiben, Kitty Cauliflower hatte auch ihrerseits den Kanal voll, und nun schlug die Wortkunst hohe Bogen.

Was um alles in der Welt ist ein ‹Hühnerwerter›? Was ein ‹Leichmann› ist, weiß jeder, der es einmal gewesen ist; warum aber ‹Gänze› nicht nur «tout» heißt, sondern auch «gîte non exploité», eine nicht ausgenutzte Lage... das muß ein guter, alter Whisky gewesen sein, ein alter, guter... Und wie darf man, so man nicht van de Velde heißt, «Depot» mit ‹Hinterlage› übersetzen? Und in jener Nacht, als Kitty in der Ecke lag und so herzbrechend schluchzte, daß sich die Katze ängstlich unter den Tisch zurückziehen wollte, was sie aber nicht konnte, weil dort

Herr Tallywags lag und bellte, da entstand die Übersetzung für «sauvage». Wild? Nein – «sauvage» heißt ‹leutschen› – fragen Sie mich nicht, ich bin zu ergriffen.

Es ist ein schönes Lexikon, und mein freundlicher Leser hats bei Herrn Delépine in der rue St. Antoine gekauft, also muß es doch wohl im Handel sein. Und mich verfolgt in den schwedischen Nächten, wo es nie ganz dunkel wird und die ganze Erde nachts aufbleiben darf, wie die Kinder, wenn die älteste Schwester heiratet – dann plagt mich eine Frage:

Woher bezieht man solchen wundervollen Whisky –?

Ich bin ein alter Hühnerwerter – aber das mutze ich nicht.

Peter Panter (1929)

«Ich kann Ihnen vertraulich mitteilen…»

Das hat wohl im Kriege angefangen.

Da lag auf jedem Schreibstubentisch – bis zur Kompanie hinunter – ein Bündel Papiere, und auf jedem zweiten Papier stand links oder rechts oben in der Ecke, rot unterstrichen:

Geheim!

und bei Regenwetter wohl auch:

Ganz geheim!

Die Kompanieschreiber durchschauerte es, wie nahe sie am Weltgeschehen waren… Gut.

Das ließ die Kaufleute nicht ruhen. Deren große Büros lassen mindestens so viele Schriftstücke herausgehen wie jene aus großer Zeit, und nun heißt es nicht mehr ‹Geheim› – sondern auf jedem zweiten steht:

Vertraulich!

Das ist ein schönes Wort. Es birgt Geheimnisse in sich und setzt Vertrauen voraus und eine eng umschlossene Gemeinschaft… Und nun ist es in den Sprachschatz des Alltags übergegangen.

Es gibt Leute, die können gar nicht mehr anders, als so ziemlich alles, was sie einem erzählen, mit den Worten einzuleiten oder abzuschließen:

«Das kann ich Ihnen natürlich nur vertraulich mitteilen…»

«Ich muß dir was erzählen!» sagt die kleine Elli Bumke aus der vierten Klasse; «Trudchen hat gestern zu Olga gesagt, sie hat gehört, wie Lottchen zu Inge gesagt hat, sie möcht wohl mal einen Kuß haben. Von einem Mann! Du darfst es aber nicht weitersagen! Schwöre es mir! Unter dem Siegel der Verschwiegenheit – das mußt du dabei sagen – sonst gilt der Schwur nicht...!» Soweit Elli Bumke. Ach, wie viele männliche Elli Bumkes gibt es unter uns! –

Wenn mal in einer Behörde ein Beamtenstunk ist... also: ich meine nur... ich bin mir natürlich bewußt, daß dies eine völlig theoretische Annahme ist – posito, gesetzt den Fall... also *wenn* –: dann erfährt man, was man braucht, Stück für Stück, in vielerlei Darstellung, von acht verschiedenen Seiten –... und alles, alles vertraulich, ganz vertraulich, durchaus vertraulich, streng vertraulich. Ernste Männer nehmen die Zigarre aus dem Mund, rücken den Stuhl näher an dich heran, senken die Stimme und legen los. Vertraulich. Und sie wissen ganz genau, daß du mitnichten den Mund halten wirst, und du weißt, daß man ihnen das Staatsgeheimnis auch vertraulich erzählt hat, und ringsum ist eine allgemeine Vertraulichkeit, daß es nur so knackt. Bis es dann soweit ist, daß es die Spatzen vertraulich von den Dächern pfeifen.

Es ist diese seltsame Vokabel aber eines jener Beispiele dafür, wie manchmal die papierne Schriftsprache in die Alltagsrede eingeht. Eigentlich müßte der vertrauliche Mitteiler auch weiterhin so reden:

«Berlin, den 5. März 1930. An das Direktorium, Abteilung II b. (Vertrauliche Abschrift gleichzeitig an Herrn Peter Panter.) Die Abteilung 8 a hat unter dem heutigen der hiesigen Reinmachefrau gekündigt, weil dieselbe, in einer seltsamen Anwandlung, wiederum vier Besuchszigarren geklaut und eine davon selber geraucht hat. Gezeichnet Zaschke, Abteilungsvorsteher. Vertraulich!»

Wer seine Arbeit gern tut und Humor hat, müßte eigentlich mal aufstehen und sagen:

«Kinder, nehmt doch euern Kram nicht so feierlich! Klatsch hält die Arbeit auf; er selber ist keine Arbeit. Ressortstunk ist auch keine. Und wir alle zusammen sind gar nicht so wichtig, wie gewisse Leute uns da immer einreden wollen. Tut was; verdient Geld; laßt die anderen leben und macht nicht so viel Sums, wenn ihr im Büro sitzt!»

Ich kann Ihnen vertraulich mitteilen, daß das noch keiner gesagt hat.

Peter Panter (1930)

Gespräch auf einem Diplomatenempfang

> In langen Kleidern und mit onduliertem Mäulchen zu sprechen.

«Ei, guten Tag, meine liebe Frau Doktor Zeisig! Wie ich sehe, sind auch Sie zu diesem exklusiven Empfang erschienen! Es ist heute abend sehr interessant!»

«Ja, es ist sehr interessant. Sehen Sie nur: Dort Frau Fränkel und dort Frau Grünfeld sowie auch Frau Geheimrat Ravené! Es ist wirklich ungeheuer interessant! Und da – traue ich meinen Augen? Ein Japaner! Jetzt setzt er sich. Sicher ein hochstehender Diplomat! Es ist fabelhaft anregend! Die Diplomatie, ist sie doch so recht Kotzpröpfchens Zeitvertreib!»

«Nichts ist so interessant wie die Welt der Diplomatie. Mein Mann ist Kaufmann, demzufolge Industrieller, kurz, ein Wirtschaftsführer – aber die Diplomatie, sie hebt uns doch ungeheuer. Von allen anständigen Wörtern sage ich am liebsten: Doyen. Wie wohl das tut! Wer ist jener? Der so interessant hinkt?»

«Es ist der litauische Gesandte.»

«P! Randstaaten. Erlauben Sie, daß ich rümpfe.»

«Wen oder was?»

«Mein feingeschnittenes Näschen. Hh! Randstaaten! Wir unsrerseits gehen nur in die Botschaften. Nichts, was mich in so angenehme Stimmung versetzt wie das diplomatische Korps! Es hebt mich über mich selbst. Ich habe das auch nötig.»

«Die diplomatischen Empfänge haben der Judenheit das Chanuka-Fest ersetzt.»

(Sie tritt sich in den Tüll)

«Wie bezaubernd Sie heute abend wieder aussehen, meine liebe Frau Doktor Zeisig! Sie sind stets damenhaft, vornehm und diskret-elegant! Welche Verwandlung! Wie machen Sie es nur? Am Tage bei der Arbeit, beim Sport und am Volant – und abends eine Wolke von Zartheit und Schmirgelsamkeit. So habe ich es wenigstens in der Zeitung gelesen.»

«Versteht sich, meine Liebe. Das macht: ich trage einen Büstenbagger. Unsere neue Mode (sie überreicht ihr Cape einem Kavalier, der so aussieht, als halte er sich für einen Gent), unsre neue Mode ist eine Auferstehung des Bürgertums. Vorbei die Gürl-Ideale der Inflation – die Welt beruhigt sich und wird schöner mit jedem Tag. Ich bin eine geborene Sobernheim, trage einen hochstehenden Kragen und erinnere demgemäß an Dantes Beatrice sowie an die Bilder der Prae-Israeliten!»

(Sie tritt sich in den Tüll)

«Auch ich kleide mich, wie es die neue Mode gebeut – allerdings so viel Schmuck wie diese Frau da... mein Mann ist kein indischer Nabelbob! Sehen Sie den jungen Menschen? Wer mag er sein?»

«Der im Zmoking? Es ist der Doktor Florian, ein bekannter Ultimo-Kommunist; nach dem Ersten, wenn er Geld hat, gehört er wieder zu uns.»

«Potz. Und wo werden Sie morgen weilen, meine liebe Frau Doktor Zeisig?»

«Wir gehen in ein dem Herrn Jacob Michael gehöriges Spekulationsobjekt: in ein Theater. Wir haben Plätze direkt unter der ersten Hypothek. Es wird ein Stück im fünffüßigen Rhombus aufgeführt werden. Sie fragen gütigerweise nach dem Autor? Heute ist es noch ein alter Engländer – von wem das Stück morgen sein wird: wer weiß das! Gott ist verhältnismäßig groß. Auch ist Musik mit dem Stück verbunden: ein Thema mit Vaginationen. Sehen Sie aber dort: wie hochinteressant! Wie aufregend! Der im Frack!»

«Sicher ein Staatssekretär. Er ist vom A. A. Apropos, wie geht es Ihrem Baby?»

«Danke! Es kann schon ‹Einstellung› sagen. Und Sie? Erwarten Sie nicht ein solches?»

«Ich bin davon abgekommen... (Sie tritt sich in den Tüll.) Schauen Sie, schauen Sie: lauter Diplomaten! Sie sehen aus, als seien sie von Geheimnissen umwittert, die sie vergessen haben. Waren Sie übrigens neulich dabei, als unsre kleine Botschafterin, die so gut Golf spielt, den Nuntius konzipierte? Es war ein schöner Nachmittag! Und sehen Sie nur – der da! Es ist ein Botschaftssekretär, aus der Rauchstraße. Betrachten Sie ihn – diese Denkerstirn!»

«Denkerstirn? Schütteln Sie nicht an diesem Wort. Er denkt wahrscheinlich nach, wozu er eigentlich in Berlin ist. Schau, schau! Auch eine Künstlerin pfom Pfilm! Wie sieht sie aus?»

«Sie sieht aus wie die Weinabteilung eines Bierrestaurants. Jüngst sah ich ihrer vier Stück auf einem Rout. Auch eine ungarische Chansonniere war dortselbst anwesend. Sie bewies mit unerhörter Raffinesse ihre bravouröse Charmanz.»

«Ja, ja... die schönen Künste... Und Sie selbst? Sie sind sportsausüblich?»

«Ich laufe ein wenig Gummi-Ski. Sie sprechen heute so ein schräges Deutsch?»

«Ich muß es wohl. Es ist der Stil unserer Zeit. Vorbei die karge Sachlichkeit; wir haben die neue Romantik entdeckt, sie bringt unsern Schriftstellern viel Geldes; es füllt die Spalten, mit Verlaub zu sagen. Was macht Francesco?»

«Gestern brachte mir ein Telegrafenbube seinen fernmündlichen Brief. Nun also will er es ernstlich tun. Er will Kinder gründen.»

«Er war Ihr Freund?»

«Er war es. Vorbei. Ich bin eine Wolke von Zartheit und Hilfsbedürftigkeit, aber wenn mir dieses Stückchen Modder noch einmal in die Quere kommt...»

(Sie tritt sich in den Tüll)

«Was werden Sie tun?»

«Ein Feuilleton aus ihm machen. Ich kann nicht malen, das habe ich nicht gelernt. Ich kann keine Konzerte geben, das kostet viel Geld. Aber schreiben... schreiben kann jeder. Das wäre gelacht! Es ist angenehm, man braucht nicht dabei zu denken, und bezahlt wird es auch noch!»

«Sie sprechen von der Liebe?»

(fein spöttisch) «Sie waren wohl geistlich abwesend, meine liebe Frau Doktor Zeisig! Die Liebe! Mein Mann, der bekannte Pazifist zu Fuß, erinnerte mich stets an seine französische Freundin, die zu sagen pflegte: On fera l'amour – l'après-midi pour toi, le soir pour moi, le matin pour nous et la nuit pour les pauvres.»

«Paris, das ist altes Spiel, meine Gute. London! New York! Die angelsächsische Rasse! Der Secks Appiehl! Neulich hörte ich in einem Dancing in Nizza einen armen kleinen Gigolo sagen: Une femme! Une femme! Ça fait pipi avec rien. Ich wollte es nicht gehört haben.»

(Sie tritt sich in den Tüll)

«Sie taten gut daran, meine liebe Frau Zeisig; alle Männer sind ein Schuft. Mein Gott, wie ist es hier doch interessant! Wie atme ich große Welt! Atmen Sie sie auch große Welt?»

«Ich ... ja, jetzt atme ich sie auch. Wir alle atmen sie. Denn wir in Berlin wissen doch immer, was sich gehört.

(Leise Musik)

Wir in Berlin ... wir sind doch das Allerfeinste, wo man hat. Wir sind sozusagen: Zweite Klasse im Millionärstil. Wir sind nicht von gestern, wir sind nicht von heute – wir sind schon von übermorgen. Wir hören das Gras auf den Zähnen wachsen, und wir eilen allen voran. Nur dürfen wir uns nicht umdrehn, denn die andern eilen gar nicht mit.»

«Wir in Berlin stellen glasierten Schund auf einen Sockel, und dann bewundern wir: uns, den Sockel und die Bewunderer. Den Sockel macht uns keiner nach. Wir sind stets up to date – immer auf dem Datum.»

«Wir in Berlin haben früher, ma chère, französische Brocken ins Gespräch gestreut, und heute streuen wir englische, my darling. Wir müssen immer etwas haben, woran wir uns hinaufranken. Wir sind nicht. Wir geben an.»

«Wir in Berlin sind überall dabei, aber wir kommen zu nichts. Wir haben französischen Schick, englischen Sport, amerikanisches Tempo und heimische Hast – nur uns selbst haben wir nie gekannt.»

(Sie atmen große Welt)

«Sahen Sie den bezaubernden King Charles der Marchesa? Seine Augen sind wie grüne Jalousien, bei denen er aufgewachsen ist. Niedlich, wie er schon das Schwänzchen nach dem Winde hängt. Apropos... dort sehe ich den Reichstagspräsidenten – eilen wir, daß wir ihn sehen, damit wir sagen können, daß wir ihn gesehen haben!»

(Sie treten einander in den Tüll und entschweben)

Kaspar Hauser (1930)

Laß dir von keinem Fachmann imponieren, der dir erzählt: «Lieber Freund, das mache ich schon seit zwanzig Jahren so!» – Man kann eine Sache auch zwanzig Jahre lang falsch machen.

Peter Panter (1932)

… weil seine Olle hatte Jeburtstach

Berlin S. arbeitet, Berlin N. jeht uff Arbeet, Berlin O. schuftet, Berlin W. hat zu tun.

Peter Panter (1925)

Der Fall Knorke

Eines Tages beschloß der Berliner, etwas Schönes, Angenehmes, Liebliches, etwas, das das Herz erfreut, mit
Knorke
zu bezeichnen.

‹Knorke›, mhd. knorricht, wahrscheinlich von ‹Knorz› abgeleitet, Sanders S. 367, soviel wie ‹Knorren habend› – kein Druckfehler für Korken. Eine Ehrung für den General Knorck (1719–1786, Reiteroffizier Friedrichs des Großen) erscheint wenig wahrscheinlich. Eines Tages war das Wort da.

Vorher hatten wir: ‹dobje› – das kam aus dem Krieg. Auch ‹schnieke› war sehr beliebt, das hieß wieder mehr ‹fein, elegant, gut ausstaffiert›. Aber ‹knorke› war doch das schönste von allen. Wenn das Wort ausgesprochen wurde, hatte man mit dem angezogenen rechten Unterarm vertikal zur Fußstellung eine kurze Bewegung nach der rechten Brusthälfte hin zu machen, was das Wort wesentlich unterstrich. Dadurch wurde ‹knorke› erst knorke. Und als das gar einmal ein Komiker auf dem Theater machte und zweimal in einem Stück hintereinander, da war der Erfolg des neuen Ausdrucks besiegelt. Knorke, Mensch –!

Die Knorkitis wütete. Alles war knorke: Essen, Frauen, Börsengewinste – (es ist schon lange her, schon lange her!) – Anzüge, Renntips und Kinogrößen. Die Dadaisten hatten ja erfunden, daß man ein Wort nur in die Welt zu setzen brauchte – wie etwa: dada – und daß sich dann der Sinn von ganz allein einstellt. Knorke setzte Fett an: es präzisierte sich, gewann Form und Sinn und wurde ein Begriff. Unmöglich, etwa ein ganz kleines Kind ‹knorke› zu nennen – etwas widerstrebt da dem feinen Sprachempfinden. Knorke ist nichts Winziges – ein Marienkäfer ist nicht knorke. Knorke ist: bunt, laut, glänzend, ersten Ranges, über das Maß zufriedenstellend, imponierend, die Erwartungen eines guten Hausvaters voll erfüllend. Klara ist knorke.

Knorke überschwemmte die Grammatik. Es war Adjektiv und Adverbium – («eine knorke Sache» und «er spielt knorke» – also: wie beschaffen und in welcher Weise) – auch kam das Wort in den nordwestlichen Landstrichen Berlins als Substantiv wild vor: «Justav is eine Knorke –!» Ein mystischer Sprachvorgang.

Kurz, das Wort wurde das, was die französische Sprache so hübsch «une scie» nennt, eine Säge. Das haben wohl alle Sprachen: der Ursprung der Epidemie ist meist dunkel, ein hingeworfenes Wort, ein Coupletrefrain, eine Volkswendung – auf einmal ist es da und macht alle Welt toll. Im Französischen hieß es früher bei allen Gelegenheiten: «A la gare!» oder: «Ça-ça fait riche!» Jetzt heißt es: «Sans blague!» – Ohne Spaß, was ‹sans blague› alles angerichtet hat, das glauben Sie nicht, sans blague –! Es paßt so schön auf alles, was es überhaupt nur gibt. Du hast Durst, Schatz? Sans blague –! Herriot hat eine Rede gehalten? Poincaré hat keine gehalten? Sans blague –! Es gibt jetzt einen Expreß-Autobus in Paris? Jackie Coogan hat sich in das Goldene Buch der amerikanischen Botschaft an der Seine eingeschrieben? Sans blague –! Es paßt immer. Sans blague ist knorke.

Knorke ist das, woran sich der Ausländer zu allererst die Zunge wund stößt. Wenn er klug ist, läßt er die Lippen davon. Denn nichts ist merkwürdiger, als Ausländer knorken zu hören. Im ersten Augenblick muß man lachen, ja, man ist sogar geneigt, zu sagen: Sie können aber gut Deutsch! Aber nachher ärgerts einen doch ein bißchen; es ist, wie wenn ein frisch eingeladener Gast ins Schlafzimmer der Hausfrau läuft, und sich da die Möbel ansieht. Knorke? Wieso: Das ist *unsere* Knorke.

Der Fall Knorke war ein bitterer Fall. Knorke überschwemmte alles: die Straßenbahngespräche, die Volksversammlungsreden, die Diskussionen, die Telefongespräche, die Lieder, die Scherzgedichte – knorke, knorke! Wer aber genau hinhorchte, konnte dem gesunden Wort etwas anhören. Es trug seinen Untergangskeim in sich. Auf dem Höhepunkt angelangt, verfiel es der Krankheit seiner Art.

Als eines Abends ein frecher Lümmel das Wort in die volle Untergrundbahn hineinbrüllte, lachte kein Mensch mehr. Das Wort erschrak und ließ sich nochmal brüllen. Es geschah nichts dergleichen. Die Knorke erstarb dem Knaben im Munde. Was war geschehen –?

La scie, die Säge, hatte ausgesägt. Es taumelte durch die Wochen, die Rinnsteine schrien es sich noch mitunter zu, dann verfiel es sichtlich, wankte traurig umher, senkte das Haupt und war so gut wie verschieden.

Auf einmal sagte niemand mehr knorke. «Knorke? Den Ausdruck kenn ich nicht!», das durfte ungestraft gesagt werden! – Es war aus.

Lebe wohl, ‹Knorke›. Ruhe sanft. Hab keine Angst: deine Familie stirbt nicht aus. Du bekommst Nachfolger. Die Menschen brauchen das wohl, etwas, das alle sagen, etwas, das alle tun, etwas, woran alle glauben. Mal ist es Knorke, und mal ist es die Höhensonne; mal ist es ‹Sans blague›, und mal ist es die Theosophie – Knorke kommt und Knorke vergeht, unser Leben ist wie Knorke, der Wind trägts umher, wirbelt es hierhin und dorthin – und was bleibt in den meisten Fällen übrig?

Chorus mysticus: «Knorke!» –

Peter Panter (1924)

Ein Ferngespräch

«Hier ist nochmals das Fernamt. Ich möchte Sie darauf aufmerksam machen, daß Sie möglichst langsam und möglichst dialektfrei sprechen müssen; der Telefonverkehr für solche Gespräche, wie Sie eins angemeldet haben, ist zwar freigegeben – aber nur unter der Bedingung, daß der dortige Überwachungsbeamte den Gesprächen folgen kann. Wir haben nun die Erfahrung gemacht, daß regelmäßig getrennt wird, wenn die Teilnehmer Dialekte oder fremde Sprachen sprechen. Wir weisen Sie in Ihrem Interesse darauf hin.»

«Ja doch. Allemal. Na jewiß doch.»

«Au Backe! Et klingelt. Det is det Fernjespräch! Emma, sperr ma die Jehrn in die Kiche, det sie nich so brillen!

Jaaa–? Emil, bist du da? Emil! Wat sacht der? Emil! Emil! Bist du da? 'n Tach, Emil! Hier is Pauel! Ja! Ick spreche nehmlich jewählt, damit daß die Beamten heern solln, det wir nischt Vabotnes sprechen! Heer ma, Emil! Wie jehts dir denn? Jut, ja? Saufst du noch so viel? Det mußte nich! Det jreift die Nieren an –

die Nieren! die Nieren! – liecht det an die Vaständjung, oda haste dir de Ohrn nich jewaschen? Emil! Paß ma uff! Ick rufe wejen Minnan an! Paß ma uff:

Minna wollt doch nu heiratn, weißte, wa? Nu will sie ihrer aber nich heiraten – neien! Er will nich! Er sacht, det dritte Kind wär nu auch nich von ihn – er sacht, ßweemal hätt er sich det mitanjesehn, aber det dritte Mal, sachta, akennt er det nich an! Er wär keene Kleen-Kinder-Bewahranstalt! Emil! Bist du noch da? Nu hat Erwin sein Schwager, ja, der Dusslige, der imma beit Billjardspiel so mohrelt – ehmderselbige! Ja, der hat ihr doch nu die Wohnungseinrichtung besorcht, det Bett und die Kommode und den Schrank – allens aus Mahachoni – nu sitzt sie damit da. Emil! Bist du noch da? Wat sachste du? Klahren? Dir ham se woll mitn Klammerbeutel jepudert? Wat denn – klahren? Der läßt ihr hochjehn, det weeßte doch janz jenau! Natierlich – det wirst du mir nich lernen, wie man diß macht! Ochse! Een Ochse bist du – allemal! Nein. Neien! Mensch, wenn du so lang wärst wie de dumm bist, könntste aus der Dachrinne saufen! Ick bleibe bei mein Wort. Also paß ma uff:

Nu sitzt se da mit den Amöblemang. Nu hatten wir jestan bei Schippanowsky ieber die Sache jeredt – Lottchen wah ooch da und der dicke Mattberg, der immer den Stolzen markiert, und denn Hejemann. Also ick bringe det Jespräch so janz pee a pee uff sehr feine Art uff die Sache ... ick ha se erscht 'n bisken wat injejehm, na, nich Medessin ... Emil? Emil! Bist du noch da? Und nach ne halbe Stunde wahn se denn so weit. Ja. Hejemann wah jleich fett ... mit die andern konnt ick noch redn. Ick habe sie det anjebotn ... und bei die Jelegenheit hat sich noch 'n andret Jeschäft ajehm ... Emil? Emil – hättste Lust, deine olle Laube jejen einen Rennkahn umzutauschen – det heeßt – den nimmt dir der Mattberch wieda ab, det is bloß die Form wejen. Er nimmt die Laube, und denn jibt er dir den Kahn ... det heeßt: der Kahn jeheert 'n jahnich ... er jibbt 'n bloß so lange aß seinen aus, bis daß er die Forderung beijetriehm hat ... von Hejemann junior! Den kennste doch, wa? Emil? Emil! Wat hältst du von die Sache? Wacht ma! Emma rummelt hier so mit die Meebel! Emma! Wißte jleich stille sind! Na, laß mir man hier fechtig sein – denn kriste aba von Vatan eene jeklebt, dette dir um dir selber trieselst! Emil!

Emil – wat hältst du von die Sache? Wat? Det willste nich machen? Woso nich? Warum willst det nich machen? Det is 'n dodsichres Jeschäft! Wat? Na, Mensch, du mußt da aba orntlich eenen jehohm haben – du saufst ooch, bis daß dir der Schnaps aus de Ohren looft. Warum wißte denn det nich machen? Mattberg tritt die Forderung ab, wattn, wattn ... Sicherheit? Wir sind hier nich bei de Reichsbank, do! Wat sachste? Det willste nich? Det willste nich? Na, denn werk dir mah wat sahrn:

Du bist eene janz dusslige Rotznese, wo nich in de Zeit paßt! Ja, nu – wos mit die Dollaren aus ist, da paßt er! Na, vor dir machen se keene neue Inflation! Vor dir nich! Na, jeh doch! Na, mach doch! Du wirst den Zaun nich pinseln! Du nich! Aber det wick dir noch sahren – ick wer dir mal sahren, wat du mir kannst – du kannst mir –

Emil! Emil! Emil! Ja? Ick plauderte jrade mit den Herrn! Wat sacht er –? Na, is dett die Menschenmeeglichkeit!

Jetzt hat der jetrennt, weil ich ihm nich hochdeutsch jenuch jesprochen habe! Fernamt! Frollein, ick habe jesprochen wie unsa Pastor in de Kirche, und der trennt?

So wie ick hier spreche – ach wat, Dialekt! Dialekt! Ick spreche keen Dialekt – ich spreche Deutsch, vastehn Se mir? So wie ick spreche: mir vastehn ja die Nejer. N wie Nathan... Wech.

So, Emma, nu kriste dein Fett von Vatan!»

Peter Panter (1927)

Der Henrige

Vettern wurden früher Cousins genannt. Mit Vettern spielt man Eisenbahn, wenn man klein ist, und fragt sie später, wenn man groß ist: «Na, wie gehts dir denn? Was machst du denn? So? Du bist verheiratet?» Dann sieht man sie nicht mehr.

Was mein Vetter Fritz war, so erbte derselbe zu meinen Lebzeiten eine meiner Gitarren, auf denen mich Meister Griebel vielerlei Griffe, wie zum Beispiel die schwierige Cechilla spielen lehrte. Später bin ich dann davon abgekommen, und statt in den Konzertsälen und auf Vereinsfestlichkeiten mit kleiner, aber detonierender Stimme: «Ein Bächlein stund am Waldesrand, hopp heissa bei Regen und Wind» zu singen, bin ich Schriftsteller geworden und ein Scheuel bzw. Greuel für alle ‹Völkischen Beobachter›. Ja, also die Gitarre.

Fritzchen erbte sie und begann zu zupfen. Als ich ihn wieder einmal mit Erlaubnis meiner lieben Eltern besuchen durfte, da gestand er mir, daß er auch singen könnte. Los, sagte ich. Nein, sagte er, du lachst mich bloß aus. Los, sagte ich. Nein, sagte er. Hin... her... er schloß die Tür ab und sang. Ich werde das nie vergessen.

Wo ist denn mein klein Feinsliebchen fein
sang er und:
Junge Rose, warum gar so traurig?
und
...dem ich als Gärtnersfrau die Treue brach –
und viele andre schöne Lieder. Die Krone aber hatte er sich bis zuletzt aufgespart. Es sei ein wiener Lied, sagte er, und schloß die Tür noch einmal ab. «Aber den österreichischen Dialekt kann ich nicht so nachmachen... doch... na, du wirst ja hören... Ich kann es schon ganz gut!» Und dann fing er an.

«Beim Henrigen – beim Henrigen –
da –»
«Wie?» sagte ich. Er begann von neuem.
«Beim Henrigen – beim Henrigen –
da –»
«Erlaube mal», sagte ich. «Wenn du mich immer unterbrichst, hau ich dir die Gitarre auf den Kopf», sagte er. «Na, aber...» sagte ich. «Was ist Henriger?» – «Das ist... ich weiß auch nicht recht... das ist so ein Wein... eine Art Wein...» – «Du Ochse!» sagte ich. «Es steht im Liederbuch!» sagte er. «Zeig mal her!» sagte ich. Und dann kam es heraus, und es gab einen Mordskrach, und an diesem Tage spielten sie nicht weiter.

An diesen verdruckten Heurigen muß ich immer denken, wenn ich so lese, wie sich manche meiner Kollegen in ihren Büchern mit Dialekten mausig machen, die sie nicht ganz und gar beherrschen. Man sollte das nicht tun; es ist aber Mode. Es verleiht dem Stil so etwas Kraftvolles, und die unsichtbare Imponierklammer («Was sagste nu –?») steht dahinter, und es ist sehr schön. Nein, es ist gar nicht schön.

Denn um einer Dame auf den Popo zu klopfen, muß man mit ihr recht vertraut sein – dem zum erstenmal eingeladenen Gast steht es gar übel an, solches bei der Gastgeberin zu unternehmen. Auch die fremde Sprache ist eine Gastgeberin. Berlinern soll nur, wer Berlin wirklich in den Knochen hat; beginnt der Berliner aber, Ottakring nachzuahmen, dann endet das meist fürchterlich: wir können das nicht. Auch wird nie ein waschechter Czernowitzer oder Prager über «icke – dette – kieke mal» hinauskommen; für die feinern berlinischen Wendungen wie: «Die er kennt, sagt er du» hat der Fremde nicht das nötige Verständnis.

Ganz schrecklich wird das, wenn die deutschen Schriftsteller französeln oder amerikanoeln. Sobald einer nach einjährigem Aufenthalt im fremden Lande mit dessen Argot um sich wirft, können Sie tausend zu eins wetten, daß er die offizielle Grammatik unvollkommen beherrscht; da stimmt etwas nicht. Jedesmal, wenn ich in einer deutschen Arbeit um einen französischen Ausdruck nicht herumkomme, dann sehe ich mich ängstlich um, ob auch kein Franzose in der Nähe ist; es ist, wie wenn man unerlaubterweise eine Frau geduzt hat. Und wie sie engländern! Wie sie sich dicke tun, wenn sie irgendeinen aufgeschnappten Slang-Ausdruck in den Satz einfließen lassen, so, als wenn das gar nichts sei...

Es ist auch nichts, und meist gehts schief. Und es waltet ein tiefes Geheimnis über diesen fremdsprachigen Zitaten. Zitieren die deutschen Zeitungen einen französischen Text, dann ist er mitunter falsch; zitieren die französischen Zeitungen einen deutschen Text, dann ist er mitunter fast richtig – ganz ohne Malheur gehts da nie ab. Fremde Landweine kann man nicht exportieren, den Barbera nicht, den kleinen Anjou nicht, den Äppelwoi wohl auch nicht. Laßt den Henrigen, spielt nicht den Vertrauten der andern; man sollte es – ah, nomdenomdenomdenom (so fluchen die Franzosen), man sollte es nicht tun.

Peter Panter (1930)

Der Buchstabe G

So heißt, glaube ich, ein russisches Buch – aber das meine ich nicht. Ich meine ganz etwas anderes. Ich meine die Sache mit Onkel Erich.

Also Onkel Erich – hier kann ichs ja sagen, denn Onkel Erich liest die ‹Vossische Zeitung› nicht; er liest ein hannoveraner Blatt, schimpft furchtbar drauf und glaubt jedes Wort, das drin steht... Onkel Erich kam neulich zu uns nach Berlin zu Besuch. Er ist aus Hannover, wo sie das reinste Deutsch sprechen – das allerreinste. Bis auf die Vokale, die sind im Hannöverschen eine Wissenschaft für sich. Man muß lange dran rumstudieren, bis daß man sie raus hat – und das getrübte a, das sie da sprechen, hat mir immer eine ungetrübte Freude bereitet. Unter anderem klingt dort «ei» wie «a». (– «Haben Sie Aale?» – «Näö, ich habe getzt Zaat!» – «Nicht doch. Ob Sie Aale haben?» – «Ich säoge doch: ich habe getzt Zaat!» – «Aale! Den Fisch! Aale!» – «Aach, Sie meinen Aeöle! Der Herr sind wohl von auswärts?») Besitze hierüber ein herrliches Büchlein von Le Singe; auch besitzt das Hannöversche in seinem Dialekt eine der schönsten Anekdoten der Welt («Schöde... Agäöthe ist da gräöde mit los!») – aber das ist, wie Kipling sagt, eine andere Geschichte. Also: Onkel Erich kam nach Berlin.

Ich bin ein friedlicher Vater, noch einer aus der alten Schule: mit wenig Ödipus, fast gar keinen Hemmungen und etwas Strenge. Ich nahm mir Theochen vor, das ist mein Knabe. Ich sagte: «Theochen!» sagte ich. «Onkel Erich kommt. Du berlinerst, daß es eine Schande ist! Das wirst du nicht tun.» Theochen hat gerade den Stimmwechsel; zur Zeit spricht er wie aus einer alten Kasserolle. «Als wie icke?» sagte das gute Kind. «Ick und berlinern? Haste det schon mah von mir jehört?» – Ich aber sprach sanft und gebot meinem väterlichen Zorn, zu schweigen: «Onkel Erich kann das Berlinern auf den Tod nicht leiden. Er kann es nicht häören... wie man in Hannover sagt, wenn man etwas nicht leiden kann. Und ich will dir eins sagen: Wenn du in seiner Gegenwart berlinerst, dann kriegst du die erste große Abreibung, die du in unserem Zusammenleben von mir bekommen hast. Ab!» Theochen aber sprach, und es klang, wie wenn jemand Mäuse in eine Blechbüchse gesperrt hätte und dazu Baß spielte: «Woso kann er denn diß nich leihn? Un wat jeht mir denn det an –?» – «Er kann es eben nicht leiden», sagte ich. «Und du wirst dich freundlicherweise von heute ab – zur Probe schon von heute ab – nach dem richten, was ich dir gesagt habe!» Theochen ging los, das gute Kind. Nicht ohne dabei ein schönes Lied der Claire Waldoff angestimmt zu haben:

> «Berlina Blut –
> Berlina Blut is jut!
> Berlina Blut –
> Berlina Blut is jut!
> Doch kommt berlina Blut
> mal in die Wut –:
> denn haut berlina Blut dir aba mächtig uffn Hut!»

Ja, warum Onkel Erich es nicht leiden konnte, wenn jemand den trauten Dialekt meiner Heimatstadt sprach –: das habe ich nie ergründen können. Es muß da einmal etwas gewesen sein... eine zurückgegangene Verlobung mit einer durchaus nicht auf den Mund gefallenen Berlinerin... kurz: er konnte es nicht leiden. Aber ‹was mir det anjing›... das wußte ich nur zu genau.

Sie werden lachen: es gibt noch Onkel auf der Welt, die Geld haben. Und es gibt – habe ich mir sagen lassen – noch Neffen, die auf dieses Geld... Gott bewahre mich davor: nicht warten! ...nein, das nicht. Also... die froh wären, wenn sie es hätten. Onkel Erich war meiner Frau, meinem Jungen und mir im ganzen wohlgesinnt; das wußte ich. Da war auch ein Testament... das wußte ich auch. Aber nun eben dieses Berlinern – ich hatte ein bißchen Angst. Denn das letztemal, vor langen, langen Jahren, als Onkel Erich bei uns zu Besuch gewesen war, da lallte Theochen noch, und gelallt wird in Berlin genau so wie in Hannover. Mir kam ein Gedanke. «Theo!» rief ich.

Er kam. «Theochen!» sagte ich. «Du wirst dich von heute ab üben. Du wirst dich im Berlinischen üben – oder vielmehr im Nichtberlinischen – und ich sage dir: Laß es dir nicht einfallen, in meiner Gegenwart zu berlinern! Vor allem gewöhne dir das häßliche Jot ab!» – «Du lieber Jott!» sagte Theochen. – «Eben nicht! Eben nicht, du Storchenschnabel!» schrie ich. «Es heißt nicht Jott! Es heißt Gott! Gott! Sprich nach!» – «Gott», sagte Theochen. «Jetzt sag mal: Eine gut gebratene Gans ist eine gute Gabe Gottes.» – «Eine gut jebratene Gans ist eine jute Gabe Jott... Gott... Jottes...» – «Na wart nur!» sagte ich. «Jetzt geh und übe diesen Satz, und ich komme nachher und frage dich ab. Und wenn du mir ein einziges Jot sagst...!»

Das war Mittwoch. Donnerstag erschien Onkel Erich. Leider fing die Sache damit an, daß der Träger den Onkel fragte: «Ham Sie Jepäck uffjejehm?» und der Onkel legte nicht schlecht los. Was das für eine Sprache sei; das sei überhaupt keine Sprache, das sei ein tierisches Gebrumme – und er, in Hannover, sei ein ganz anderes Deutsch gewöhnt! Gott sei Dank! Das reinste. Das allerreinste. Ich nickte gottergeben und rechnete geschwind einige große Zahlen aus, die sich ergaben, wenn... «Nach welche Jejend wolln Sie denn fahn?» sprach der Kofferträger. Und ich betete zu Buddha, der da sein Auge gerichtet hält auf die niedersten Insekten und auf die Oenkel aller Welt. Und der Onkel lief rot an. Und gab dem Träger kein Trinkgeld. Und da sagte der Träger viele schöne Sachen auf, nicht grade in schierem Hochdeutsch – aber man verstand jedes Wort, und ich rang in meinem Innern die Hände. Doch, das kann man. Und dann fuhren wir. «Eine ekelhafte Sprache!» knurrte der Onkel.

Wir kamen zu Hause an. Ich schloß die Korridortür auf, meine Frau kam gleich heraus, begrüßte den Onkel und nahm ihm die Sachen ab. Der Onkel dankte gerührt. Theo war nicht da. «Theo!» rief ich. Theo kam nicht. «Wo ist denn der Junge?» fragte ich meine Frau. «Theo!» riefen wir gemeinsam. «Der Onkel ist da!» – Und da erschien Theo, wie wenn er auf etwas gewartet hätte, kam, verneigte sich vor dem Onkel und sprach laut und deutlich:

«Der gute Igel Georg geigt auf der Gummigeige!»

«Was sagt der Junge?» fragte der Onkel mißtrauisch. Ich sah den Knaben Theo an... ich sah ihn immerzu an... «Das ist nur so eine scherzhafte Redensart, um jemand willkommen zu heißen», sagte ich. «Sag mal Onkel Erich hübsch guten Tag!» Theo machte eine Verbeugung, gab die Hand und sprach: «Es ist gammerschade, daß ich heute meine gute Gacke nicht anhabe. Der Papagei, der Gakob, hat sie mir geruiniert.» – «Da wollen wir ins Eßzimmer gehen», sprach ich beklommen. «Du wirst Hunger haben, Onkel Erich!» Onkel Erich sah den Theo an, Theo sah den Onkel an. «Ich weiß nicht...» sagte der Onkel, während wir ins Zimmer gingen, «ich weiß nicht... euer Junge spricht so merkwürdig!» – «Er ist wohl so aufgeregt, vor Freude», sagte ich. «Er fragt schon den ganzen Tag, wann denn der Onkel kommt!» Nun gibt es keinen Menschen auf der Welt, der nicht stolz ist, wenn ihn ein Hund wiedererkennt, oder wenn sich andere Leute, wie sie sagen, darauf gefreut haben, daß er gekommen ist. Dergleichen hebt das Selbstbewußtsein. «So, so...» sagte der Onkel. «Nun... das ist aber mal hübsch.» Theo machte abermalen den Mund auf, ich sah ihn an, es half nichts. Er sprach: «Wir haben heute in der Schule einen großen Gux gemacht. Da ist einer, der hat eine Guchhe-Nase, und dem haben wir Guckpulver in den Hals gestreut, und da hat er sich so geguckt, bis er nicht mehr gapsen konnte! Ga.» Nicht umsonst bezeugt mir meine Qualifikation zum Vizefeldgefreiten der Reserve eine rasche Entschlußkraft. «Theochen!» sagte ich. «Komm mal mit Papa raus – da ist noch was zu erledigen, wobei du mir helfen mußt!» Meine Frau sandte einen blitzschnellen, flehenden Blick herüber, der Onkel einen erstaunten – dann schritten wir beide, Vater und Sohn, selbander hinaus.

«Dir ist nicht gut!» sagte ich draußen. «Du wirst jetzt hier auf deiner Stube essen, und wenn der Onkel weg ist, dann kriegst du eine Abreibung, von der noch lange Zeiten singen und sagen werden! Du Lausejunge!» Theo bewegten die Worte des Vaters in seinem Herzen und sprach also: «'ck ha ja jahnischt jemacht! Du hast jesacht...» – Und da schloß ich die Tür ab. Und hatte ein langes Verhör zu bestehen... «Merkwürdig», sagte der Onkel. «Ich hatte immer geglaubt, du hättest die Gesundheit von deinem Vater selig geerbt... aber das Kind scheint nicht ganz in Ordnung. Gleich wird es krank, vor lauter Freude und Aufregung – und dann spricht es so komisch... Hat es denn einen Sprachfehler?» – «Es hat keinen Sprachfehler, lieber Onkel», sagte ich milde und schob ihm den Marmeladentopf hin. Und wenn der Onkel Marmelade sieht, dann hört er nichts mehr und ist glücklich und zufrieden, und wenn er den Topf bis auf den Grund geleert hat, dann sagt er: «Zu süß!» und sieht sich nach einem neuen um. In meinem Kopf aber tanzten die Zahlen.

Und der Onkel blieb drei Tage in Berlin, und ich sperrte den Knaben Theo immerzu ein. Und wenn sich der Onkel nach ihm erkundigte – in allerreinstem Deutsch, mit herrlich getrübtem A – dann sagte ich, das Kind hätte eine Angina und stecke an. Der Onkel mißverstand den Ausdruck erst... aber dann sah er alles ein und ließ Theochen in Frieden.

Aber am dritten Tag, als ich ins Finanzamt mußte, um darzutun, daß ich gar nichts verdiente, sondern ein ganz normaler Kaufmann sei –: da gab es zu Hause ein Malheur, und als ich zurückkam, da war es schon geschehen. Der Onkel packte. «Was ist...?» fragte ich verdattert. «Du willst fort?» Meine Frau weinte. «Was ist hier los –?» fragte ich.

«Keinen Augenblick länger!» rief der Onkel. «Ich komme da nichtsahnend ins Kinderzimmer, da sitzt Theo, da sitzt dein Sohn Theo am Tisch und ist gar nicht krank und hat auch keine... also hat auch keine Halsentzündung, sondern hat Besuch und... was hat er gesagt?» – Der Onkel sah meine Frau an, ich sah meine Frau an. «Ich... ich weiß es nicht mehr...» sagte sie stockend. – «Theo!» rief ich. «Komm mal her!»

«Was hast du zu deinem Freund gesagt, als Onkel Erich ins Zimmer gekommen ist?» – Theochen bockte. – «Na?» sagte ich. «Wirds bald?» – «Soll ichs sagen?» fragte er. «Natürlich sollst dus sagen!» Und da sprach Theochen und wechselte dabei vierzehnmal die Stimme:

«Ick ha jesacht: Aus det Jeklöhne von den Olln mach ick mia jahnischt – det is ja nich jefehrlich! Jestern jabs Jans, und den Onkel nehm ick noch alle Tahre uff de Jabel! Det will 'n jebillter Mann sein? Un wenn ick auch jeffat den Hintern vollkrieje: der Mann spricht ja Dialekt!»

Und da nahm der Onkel seine Koffer und riß die Korridortür auf und stieß mich und meine Frau fort und nahm sich einen Wagen und fuhr zurück nach Hannover, wo sie das reine

Deutsch sprechen. Und das Ratschen eines entzweigerissenen Testaments zerriß mir das Herz.

Theochen geht es soweit ganz gut. Er hat nur zwei Tage lang einige Schwierigkeiten gehabt – des Sitzens wegen.

Peter Panter (1930)

[...] Generell übelgenommen wird den ‹Auch-Sagern›. Es gibt ja bekanntlich einen wilden Volksstamm, der aus solchen besteht, die du gar nicht kennst, die aber hinter dir an den Schalter kommen, nach dir beim Kellner bestellen, alles mit ‹auch›. – «Mir *auch* 'n Mokka –!» Wieso: ‹auch›? Hängt sich der Kerl vielleicht an meinen Königlichen Mokka an? Übel nimmst du es ihm. [...]

Peter Panter (1929)

Neben manchem andern sondern die Menschen auch Gesprochenes ab. Man muß das nicht gar so wichtig nehmen.

Peter Panter (1931)

Franksssäh & Co

Welche Hochachtung hat doch der Franzose vor der Sprache! «Il a trouvé ce mot…» Das Wort war vorher da, der Autor hat es nur gefunden.

Peter Panter (1931)

Wann beherrschst du eine fremde Sprache wirklich? Wenn du Kreuzworträtsel in ihr lösen kannst.

Peter Panter (1932)

Die Übersetzung

Verbinden, verbindlich, Verbindung, verbissen, verbitten... verbittern... Verbitten? Gibts das überhaupt auf Französisch? Wa steht da? «Verbitten, sich etwas von einem verbitten: prier qn. de ne pas faire qc.» Und: «Das verbitte ich mir! Que cela n'arrive plus!» Das ist gar keine Übersetzung. Denn diesen deutschen Satz gibt es in keiner Sprache der Welt.

Wenn der Gerichtsschreiber Renkelstedt sonntags mit seiner Frau ausgeht, und wenn Herr Renkelstedt draußen auf der Plattform der Elektrischen stehen bleibt, weil er neben Frau Renkelstedt keinen Platz mehr gefunden hat, und wenn dann ein ‹fremder Kerl› (auch ein Gerichtsschreiber – aber ein fremder – also: ein Kerl) Herrn Renkelstedt auf die Plattfüße tritt, dann rollt Herr Renkelstedt die Augen, umgürtet sich mit Würde und einem Panzer und ‹verbittet sich das›. Verbitten ist das Gegenteil von bitten. Es bittet der Bettler um eine kleine Gabe, der Untergebene den Vorgesetzten um Berücksichtigung beim Weihnachtsurlaub, der Zivilist den Beamten, ihn nicht in die Backzähne zu schlagen, und so bittet einer den andern: aber es verbittet sich der Passant die Belästigung des – wahrscheinlich kommunistischen – Bettlers, der Vorgesetzte die Quengeleien seines Untergebenen und der Beamte den ‹Ton› des Zivilisten. (Für ‹Ton› stehen drei Bedeutungen im Lexikon und keine.) Verbitten heißt: die Zugbrücke aufziehen, die Mauerscharten besetzen und mit dem Schwert am Schilde rasseln. In «Ich verbitte mir das» ist so viel Armee, Offizierskasino und ähnlicher Unfug. «Ich verbitte mir das» heißt: Ich bin viel zu dumm, um dir vernünftig auseinanderzusetzen, daß ich recht habe; viel zu unhöflich, es dir in netter Weise zu sagen; viel zu lümmelhaft, um es auch nur zu versuchen. «Ich verbitte mir...»: das ist ein schöner deutscher Satz.

Die Franzosen, diese schlappen Kerle, haben nicht einmal eine anständige Übersetzung dieses Satzes: «Que cela n'arrive plus!» Daß mir das nicht mehr vorkommt! Das ist gar nichts. Das ist das ohnmächtige Gewimmer eines armen Hascherls. Bei uns wackelt die Wand! Das wäre ja jelacht! Wie heißen Sie? Nehmen Sie mal erst die Hand aus der Tasche, wenn Sie mit mir sprechen! Sie haben hier überhaupt nicht... verstanden! Was fällt Ihnen ein? Ich verbitte mir... Mit drei t.

Solange aber das Volk unter sich es sich verbittet, solange einer den andern – höchstes Ideal – so behandeln möchte wie Schmutz am Absatz, sodaß der Geschurigelte stumm und verbissen dazustehen hat, die Hände an der (innern) Hosennaht, schweigsam, dösig und vollkommen wehrlos: so lange wird es die regierende Schicht eben dieses Landes leicht haben, die Untergebenen, diese durch Geldmangel, Position und fehlende Bildung unterlegene Gruppe anzupfeifen, daß es die Englein im Himmel hören, und sie, mit dem unangenehmen Kneifer ganz nah am Gesicht des andern, anzubrüllen, wenn jene auch einmal das Recht zum hungerlosen Leben reklamieren: «Scheren Sie sich raus! Ich verbitte mir das!»

Bis – ewige Hoffnung – eine erwachte Nation den Herrn Verbitter am Kragen nimmt, ihm Hundert aufzählt und Tausend wegnimmt und leise sagt: «Damit mir das nicht mehr vorkommt –!»

Ignaz Wrobel (1924)

Ah – ça...!

«Sagen Sie bitte: bei dem gelieferten Kleiderschrank wackelt ein Bein. Das Bein hat vom ersten Tag an gewackelt. Das Modell, das Sie mir gezeigt haben, hat nicht gewackelt. Können Sie mir ein andres Bein nachliefern?»

Deutsche Ablehnung: «Ausgeschlossen. Wir haben den Schrank in einwandfreiem Zustand geliefert – Sie hätten sofort nachprüfen müssen, dann wäre Ihre Reklamation eventuell geprüft worden. Wahrscheinlich haben Sie Mäuse, und die haben das Bein angeknabbert. Oder Ihre Kinder haben damit gespielt. Jedenfalls muß meine Firma die Haftung ablehnen.»

«Sagen Sie bitte: bei dem gelieferten Kleiderschrank...» (wie oben).

Französische Ablehnung: «Ah – ça...!»

Bei ‹Ah› werden die Schultern leicht angehoben, es ist kein

Zucken, sondern nur der leichte Ansatz dazu. Bei ‹ça› ist der Hals eingezogen, die Augenbrauen flattern empor, das Gesicht ist recht nachdenklich. Wenn der Franzose «Ah – ça» sagt, ist der Punkt erreicht, wo gewöhnlich nichts mehr zu machen ist. «Ah – ça» heißt: Force majeure. «Ah – ça» heißt: Auch dem menschlichen Wirken, mein Lieber, sind von den vernünftigen Mächten Schranken gesetzt. Hier ist eine solche. Bescheide dich.

Es gibt auch eine pantomimische Abkürzung des «Ah – ça». Sie besteht darin, daß die Unterlippe ganz leicht vorgezogen wird, die so entstehende Schippe läßt Luft ab. Hals und Schultern wie bei «Ah – ça...» Auch dieses populäre Pusten bedeutet: Aus. Nichts mehr zu machen.

«Ah – ça» ist allemal erreicht, wenn man in Frankreich zum Beispiel auf haarscharf exakte Einhaltung von Bedingungen hält. Das ist des Landes nicht der Brauch. (Übrigens lebt das Land damit weitaus glücklicher als die Korrekten.) «Ah – ça» ist der Stoßseufzer des indirekten Steuerzahlers, auf dem die Gewalten regieren. Er erkennt sie nicht an – jeder Franzose ist Frondeur –, aber er unterwirft sich, solange es nicht lohnt, sich aufzulehnen. Meist lohnt es nicht. So haben auch im Kriege neben den rigorosesten Strafen die Offiziere mit Überredung viel mehr ausgerichtet als mit: «Ich fordere Sie dienstlich auf...»

«Ah – ça» ist viel leichter und graziler als die deutsche Ablehnung. Aber man muß Ohren haben zu hören – der französische Mensch reagiert viel feiner, sein Seismograph schlägt bei der leichtesten Erschütterung haargenau aus. Ich habe immer gefunden, daß der Deutsche – ich auch – viel zu grob mit den Franzosen spricht; nicht etwa, daß er sich rüplig benimmt, sondern er ist grob, so wie ein Raster, ein Sieb zu grob ist – man braucht einfach eine Nummer feiner. Sie genügt auch. Ja: die grobe wird gar nicht verstanden. Die Franzosen fühlen auf dreihundert Meter gegen den Wind, daß jemand unzufrieden, entschlossen, unnachgiebig ist – man braucht ihnen das gar nicht erst ausdrücklich mitzuteilen. Es genügt, ganz leise anzuspielen... Ball, Bande, Ball – es kommt an.

Und er wird, umgekehrt, genau so reagieren. Sein ‹Ja› ist kein rocher de bronze, sein ‹Nein› kein wilder Entrüstungsschrei. Da, wo es nicht mehr weiter geht, sagt er es, aber leise, ohne

Geschrei, ohne Anrufung der Gesetzbücher und andrer Polizeiheiligen. «Ah – ça... je ne peux pas vous le garantir...» Dann weiß man: Es ist aus.

«Wir möchten gern eine Republik machen, eine pazifistische, solange wir nicht schießen, eine zurückhaltende, solange wir noch nicht ganz fertig sind; leben Sie doch mit uns in Frieden, solange es uns gefällt; lassen Sie uns doch unsere Würde, die darin besteht, daß wir zu allem Ja sagen, was Sie fordern, aber im Innern den Vertragsgegner wüst beschimpfen, wir sind uns das schuldig – bitte sagen Sie uns: können wir so zusammenleben...?»

«Ah – ça...!»

Peter Panter (1925)

Le ‹lied›

Bétove ist kein Druckfehler, sondern ein Klavierhumorist. Er hat eine Brille, einen schadhaften Fuß und lange Haare. Er spielt eine ganze Oper vor: mit Chor, Liebesduett und Racherezitativ, genau so schön von vorvorgestern wie die meisten Aufführungen in der Opéra Comique – neulich sah ich daselbst einen älteren, etwas asthmatischen Herrn als Figaro umherrollen, und jedesmal, wenn die Damens die Noten Wolfgang Amadeus Mozarts gesungen hatten, raste das Haus, und das Ganze erinnerte an den Humor, der unter Hartmann in Charlottenburg entwickelt wurde und wohl in Görlitz noch entwickelt wird. Becher her, stoßt an! Und dieselben Leute, die in der Opéra Comique solchem Gewerke applaudieren, gleich hinter den Boulevards, da, wo der kleine Platz Boieldieu abends so aussieht, als müßten gleich alle Passanten im Takt zu singen anfangen, und als käme hinter einer Ecke ein Page mit einem rosa Billett herausgelaufen, kommt aber keiner – dieselben Leute freuten sich sehr über Herrn Bétove, weil seine harmlose Parodie lustig anzuhören war. Er parodierte, was hier für die Musikabonnenten im Schwange ist: *‹Die Regimentstochter›*.

«Manche Völker sind musikalisch – dem Franzosen ist die

Musik nicht unangenehm», hat Jean Cocteau einmal gesagt. Oh, sie sind hier sehr gebildet. Vor einiger Zeit haben sie sogar einen Abend gegeben: ‹Le lied à travers les âges› – die geschichtliche Entwicklung des deutschen ‹Liedes›, mit gesungenen Beispielen.

Bétove fährt also fort; jetzt singt er etwas Spanisches, er kann kein Wort dieser Sprache, soviel ist einmal sicher, aber er gurgelt und lispelt ein Spanisch, wie er es auffaßt; er hats gehört, wenn die spanischen Paare auf dem Varieté in die kontraktliche Leidenschaft kommen. Sogar die Pause ist da, in der nur die Schritte der Tanzenden rhythmisch auf den Planken schleifen, tschuck-tschuck-tschuck – da setzt die Musik wieder ein. Das ist gewiß nicht neu; wir haben das hundertmal gehört, wie einer englische songs kopiert, französisch näselt. Pallenberg kann das meisterlich und Curt Bois auch... Aber Bétove kündigt nun noch mehr Nationallieder an, nennt einen Namen, den ich nicht genau verstehen kann. Fritz...? und beginnt ein Vorspiel. Still –

Das Präludium ist edel-getragen, und der kleine Mann am Klavier macht ein trauriges Gesicht, bekümmert den Kopf schüttelnd blickt er offenbar in das goldige Grün des Waldes, was mag sein blaues Auge sehn? Und nun beginnt er zu singen, und mir läuft ein Schauer nach dem andern den Rücken herunter.

Das ist kein Deutsch. Der Mann kann wahrscheinlich überhaupt nicht Deutsch, aber es ist doch welches. Es ist das Deutsch, wie es ein Franzose hört – Deutsch von außen. Da klingt: le ‹lied›.

Ein deutscher Mann schreitet durch den deutschen Wald, die Linden duften, und die deutsche Qelle strömt treuherzig in einem tiefen Grunde.

Im grünen Wallet
zur Sommerzeit –

Ich verstehe kein Wort, es hat keinen Sinn, was der da singt, aber es kann nichts anderes heißen. Die Musik ist durchaus von Loewe – es ist so viel dunkles Bier, Männerkraft, Rittertum und Tilsiter Käse in diesem Gesang. Soweit ich vor Grauen und Lachen aufnehmen kann, hört es sich ungefähr folgendermaßen an:

A-ha-haa-schauppptt
da-ha-gerrächchzzz –!

– an die weichen Stellen der Melodie setzt der Kerl jedesmal einen harten Konsonanten und erweckt so den angenehmen Eindruck eines, der lyrisch Lumpen speit. Aber nun wird die Sache bewegter.

Der Eichwald rauschet, der Himmall bezieht sich, im Baß ringt dumpf die Verdauung, der deutsche Mann schreitet nunmehr hügelan, Tauperlen glitzern auf seiner Stirn, die kleinen Veilchen schwitzen, der Feind dräut heimtückisch im Hinterhalt, jetzt schreit der Waldes-Deutsche wie beim Zahnbrecher, vor mir sehe ich Herrn Amtsrichter Jahnke, der am Klavier lahnt und mit seinem weichen, gepflegten Bariton unterm Kalbsbraten hervorbrüllt, und in den Schoß die Schönen – jetzt Welscher, nimm dich in acht! und ich höre so etwas wie

schrrrrachchchchttttt –!

da bricht die Seele ganz aus ihm herauer, das Pianoforte gibt her, was es drin hat, und es hat was drin, die Melodie wogt, der kleine Mann auch – und jetzt, jetzt steht er oben auf dem steilen Hügel, weit schaut er ins Land hinein, Burgen ragen stolz beziehungsweise kühn, läßt es aus den Kehlen wallen, ob Fels & Eiche splittern, die Lanzen schmettern hoch in der Luft, das Banner jauchzet im kühlen Wein, frei fließet der Bursch in den deutschen Rhein, jetzt hat Bétove alle zweiundzwanzig Konsonanten mit einem Male im Hals, er würgt, er würgt – da kommt es hervorgebrochen, der Kloß ist heraus! das Klavier ächzt in allen Fugen, der Kaiser ruft zur deutschen Grenz', die Deutschen wedeln mit den – da steht er hehr, ein Bein voran, wenn kein Feind da ist, borg ich mir einen, den blitzenden Flamberg hoch in Händen, mein Weib an der Brust, den geschliffenen Helm im Nacken, der Neckar braust, der Adler loht, im deutschen Hintern sitzt das Schrot, es knallt das Roß, ein donnernd Hall, o deutscher Baum im Niederwald, mit eigenhändiger Unterschrift des Reichspräsidenten –!

Die Franzosen klatschen, wie ich sie noch nie habe klatschen hören. Neben mir kämpft der dicke Morus mit einem Erstickungsanfall. Wird gerettet.

Zum erstenmal seit zwei Jahren fühle ich: Fremde. Ich denke: wenn sie wüßten, daß du, einer der Verspotteten, unter ihnen sitzt... Würden sie dich zerreißen? Unfug. Gewiß, manchmal habe ich nicht gefühlt wie sie, habe nicht mitgelacht, nicht mitgeweint... aber heute ist da, zum ersten Mal, das andre, das fremde Blut, auf einmal sind sie drüben, und ich bin hüben.

Das war unsre deutsche Sprache? Die, in der immerhin «Füllest wieder Busch und Tal» gedichtet ist? Das ist Deutsch –? So hört es sich für einen Fremden an? Es muß wohl. Und ich brauche nicht mehr auszuziehen, das Fürchten zu lernen. Ich habe mich gefürchtet.

Es war, wie wenn man sich selbst im Film sieht. Viel schlimmer: wie wenn sich das Spiegelbild aus dem Rahmen löste, sich an den Tisch setzte und grinsend sagte: «Na – wie gefalle ich dir?» Da stehe ich auf, weiche einen Schritt zurück und sehe den da, mich entsetzt an... Das bin ich –

Den ganzen Abend und noch am nächsten Tage getraue ich mich nicht, deutsch zu sprechen. Vor mir selber traue ich mich nicht. Ich höre überhaupt keine Vokale mehr, immer nur Konsonanten. Die Sprache ist wieder in ihren Spiegelrahmen zurückgekehrt, fremd sehen wir uns an, ich mißtrauisch, sie könnte vielleicht jeden Augenblick wieder auskneifen, mir gegenübertreten... Wir kennen uns nun schon so lange. Zum erstenmal habe ich sie nackt gesehn.

Peter Panter (1926)

«Ah, M...!»

«Die Garde stirbt, doch sie ergibt sich nicht», ist bekanntlich nicht ganz so gesprochen worden. Man findet in Hugos ‹Les Misérables› die richtige Version: der gute alte General Cambronne, dieser französische Götz von Berlichingen, hat bei Waterloo den Engländern vielmehr ein einziges Wort entgegnet, sein Wort – «ein derbes, aber im Soldatenmunde nicht ungewöhnliches Wort», wie Büchmann bemerkt.

Dieses Wort, das, wie wir aus zuverlässiger Quelle erfahren, in Frankreich auch hier und da von Zivilisten gebraucht werden soll (und das der deutsche Soldat in seiner Sprache nicht minder häufig anwendete) – dieses Wort ist jetzt, ohne daß die Kuppel einstürzte, in der französischen Akademie ernsthaft diskutiert worden. Louis Bertrand, der auf dem Stuhle von Maurice Barrès sitzt, war da, Jean Richepin desgleichen und andere mehr.

Ist ‹Merde› französisch? Darf mans anwenden? Gehört es in das Große Wörterbuch der Akademie? Das sind schwierige Fragen. Nach langen Beratungen ergab sich folgendes Resultat:

‹Merde› ist ein französisches Wort, aber nur als Substantiv. Als Ausruf, als Antwort, als Urteil – etwa in der Bedeutung: «Ich bin mit der Ansicht des Herrn Vorredners nicht ganz einverstanden!» ist es dagegen nicht zugelassen. Frankreich, das ist ein Fleck auf deinem Wappenschild.

Wie? Dafür ist dieses kurze, so kurz malende und prägnante Wort während viereinhalb Jahren in allen Lagen des menschlichen Lebens tausend- und tausendmal gesagt worden? Ein Unbefangener hätte meinen können, die Soldaten beteten zu einem neuen Heiligen, der so hieße. Dazu das Wort geschrien, gebrüllt, herausgelacht, Gegenstände mit ihm zierend versehen, ganze Heeresberichte tadelnd mit dem einen Wort abgetan, es war Substantiv, Adjektiv, Adverb und Interjektion in einem – und nun auf einmal ist alles aus –? Das kann nicht sein.

Was, zum Beispiel, o Akademie, soll als Ausruf verwandt werden, wenn unsereins nationale Hetzromane diesseits und jenseits des Rheins zu lesen bekommt? Was, wenn der Steuerbogen kommt? Was, wenn eine telefonische Verbindung nicht kommt? Soll: «Oh, Himmel!» gerufen werden? Oder: «Bei Jupiter!» – du wirst uns das nicht antun wollen, Akademie.

Die französische Sprache büßte eine ihrer Hauptwürzen der feingebildeten Unterhaltung ein, fiele dieser Ausruf. Nur als Substantiv? Nein: es ist ein Hauptwort, unentbehrlich für die Allgemeinheit. Und ich fürchte, die ganze Nation wird diesen Beschluß ihrer Akademie zur Kenntnis nehmen und dann darauf schlicht entgegnen: «Ah, Merde –!»

Peter Panter (1926)

«Yousana – wo – bi – räbidäbi – dé?»

Fremde Sprachen sind schön, wenn man sie nicht versteht.

Ich habe einmal den großen J. V. Jensen gefragt, wie er es denn gemacht habe, um Asien uns so nahe zu bringen wie zum Beispiel in den ‹Exotischen Novellen› – und ob er lange Chinesisch gelernt habe... «Ich reise so gern in China», sagte Jensen, «weil da die Leute mit ihrer Sprache nicht stören! Ich verstehe kein Wort.» Hat recht, der Mann.

Fremde Sprachen sind schön, wenn man sie nicht versteht. Ein Wirbel wilder Silben fliegt uns um den Kopf, und Gott allein sowie der, der sie ausgesprochen hat, mögen im Augenblick wissen, was da los ist. Wie nervenberuhigend ist es, wenn man nicht weiß, was die Leute wollen! «Da möchte man weit kommen», hat der weiseste Mann dieses Jahrhunderts gesagt, «wenn man möcht zuhören, was der andere sagt –!» Im fremden Land darf man zuhören, es kostet gar nichts – höflich geneigten Kopfes läßt man den Partner ausreden, wie selten ist das auf der Welt! Und wenn er sich ganz ausgegeben hat, dann sagst du, mit einer vagen Handbewegung: «Ich – leider – taubstumm und... kein Wort von dem, was Sie da erzählen...!» Das ist immer hübsch, es ist ausgezeichnet für die Gesundheit.

Das fängt an der Grenze an, wo der Zollmensch viele Sachen sagt, von denen wahrscheinlich die gute Hälfte aus Unannehmlichkeiten besteht – aber sie dringen nicht bis an unser Gehirn – sie gehen, wie die pariser Schauspielerin Maud Loti das einmal auf einer Probe zu ihrem Regisseur gesagt hat, zu einem Ohr hinein und zum – ja, ich glaube, zum andern Ohr wieder heraus... Und wenn der Zollfritze nicht gerade Krach mit seiner Frau gehabt hat, besteht die Möglichkeit, daß er uns zufriedenläßt; das Idiotische ist ja doch stärker als alle Vernunft.

Nun ist das auf der ganzen Welt so, daß die Leute, wenn man sie nicht versteht, schön laut mit einem reden; sie glauben, durch ein Plus an vox humana die fehlenden Vokabelkenntnisse der andern Seite zu ersetzen... Und wenn du klug bist, läßt du ihn schreien.

Schön ist das, in einem fremden Lande zu reisen, und auf fremdländisch grade «Bitte!», «Danke!» und «Einschreibepaket!» sagen zu können – gewöhnlich ist unser einziges Wort eines, das wir auf der ganzen Reise nicht verwenden. Das mit dem Lexikon und den Sprachführern habe ich längst aufgegeben. Sagt man nämlich solch einen Satz den fremden Männern, so ist es, wie wenn die mit einer Nadel angepiekt seien – der fremde Sprachquell sprudelt nur so aus ihnen heraus, und das steht dann wieder im Sprachführer nicht drin... Aber wie schön, wenn man nichts versteht –!

Was mögen die Leute da alles sagen –! Was können sie denn schon alles sagen –?

Du hörst nicht, daß da zwei Männer sich eine sehr wichtige Sache wegen der Übernahme der Aktienmajorität des Streichholz-Trustes erzählen, und dann eine Wohnungsschiebung, und dann einen unanständigen Witz (alt! alt!) – und dann Gutes über eine Frau, die sie beide nicht haben wollen, und denn Schlechtes über eine, die sie nicht bekommen konnten –: das brauchst du alles nicht mitanzuhören. Der kleine Kellner auf dem Bahnhof ruft etwas aus, was wahrscheinlich nicht einmal die Einheimischen verstehen, und daß er mäßiges Obst verkaufen will, siehst du alleine. Sanfte Träumerei umspinnt dich – was mögen diese wirren, ineinandergekapselten, schnell herausgekollerten, halb heruntergeschluckten Laute nur alles bedeuten...! Andere Kehlköpfe müssen das sein – andere Nasen – andere Stimmbänder – es ist wie im Märchen und was du auf der Schule gelernt hast, hilft dir nicht, weil diese das offenbar nicht oder falsch gelernt haben; und ist es nicht schön, wie ein sanfter Trottel durch die Welt dahinzu...

«Na, erlauben Sie mal –! Wenn ich auf Reisen bin, da will ich aber ganz genau wissen, was los ist; man muß als gebildeter Mensch doch wenigstens etwas verstehen –!» Es ist so verschieden im menschlichen Leben...

Im Irrgarten der Sprache herumzutaumeln... das ist nicht eben vom Übel. «Schööör scheeh Ssä Reeh!» rufen die Franzosen; laß sie rufen. «Tuh hau wi paak!» gurgeln die Engländer; laß sie gurgeln. Und ich frage mich nur, was mögen wohl die Ausländer in Deutschland hören, mit ihren Ohren, wenn unsere Bahnhofsportiers, Schutzleute, Hotelmenschen ihnen etwas Deutsches sagen...?

Es ist ein kleines bißchen unheimlich, mit Menschen zu sprechen, ohne mit ihnen zu sprechen. Da merkt man erst, was für ein eminent pazifistisches Ding die Sprache ist; wenn sie nicht funktioniert, dann wacht im Menschen der Urkerl auf, der Wilde, der da unten schlummert; eine leise Angstwolke zieht vorüber, Furcht und dann ein Hauch von Haß: was ist das überhaupt für einer? Ein Fremder? Was will der hier? Und wenn er hier selbst was zu wollen hat: was kann ich an ihm verdienen? Und besonders auf den Straßen, vor den Leuten, die nicht gewerbsmäßig mit Fremden zu tun haben, fühlt man sich ein bißchen wie ein im Urwald auftauchender Wolf – huhu, Geheul unter den hohen Bäumen, der Wanderer faßt den Knüppel fester... und nur wenns gut geht, fuchteln sie dann mit den Händen.

Sonst aber ist es hübsch, durch eine Welt zu wandeln, die uns nicht versteht, eine, die wir nicht verstehen – eine deren Laute nur in der Form von: «Yousana – wo – bi – räbidäbi – dé –» an unser Ohr dringen... Mißverständnisse sind nicht möglich, weil die gemeinsame Planke fehlt – – es ist eine saubere, grundehrliche Situation. Denn wie sprechen Menschen mit Menschen –?

Aneinander vorbei.

Peter Panter (1928)

Die hochtrabenden Fremdwörter

In der Redaktionspost lag neulich ein Brief.

«Liebe Weltbühne!

Wenn ich diese Zeilen an dich richte, so bitte ich in Betracht zu ziehen, daß ich nicht ein Zehntel so viel Bildung besitze wie deine Mitarbeiter. Ich gehöre vielleicht zu den primitivsten Anfängern deiner Zeitschrift und bin achtzehn Jahre alt. Dieses schreibe ich dir aber nur, damit du dich über meine folgenden Zeilen nicht allzu lustig machst.

Aus deinen Aufsätzen habe ich ersehen, daß du trotz aller Erhabenheit über die politischen Parteien doch mit den Linksradikalen am meisten sympathisierst.

Schreibst du auch für einen Proleten, der sich in einem Blatt orientieren will, daß er objektiv urteilt? Für den aber ist es, was für den Fuchs die Weintrauben. Also: much to high.

Ich selbst bin auch nur ein Autodidakt und muß öfter das Lexikon zur Hand nehmen, wenn ich die Artikel verfolge. Wenn du darauf Wert legst, die Sympathie und das Interesse der revolutionären Jugend und der einfachen Arbeiterschaft zu erwerben, so sei gelegentlich sparsamer mit deinen hochtrabenden Fremdwörtern und deinen manchesmal unverdaulichen philosophischen Betrachtungen.

Hochachtungsvoll Erna G.»

Hm. Hör mal zu – die Sache ist so:

Etwa die gute Hälfte aller Fremdwörter kann man vermeiden; man solls auch tun – und daß du keine ‹Puristin› bist, keine Sprachreinigerin, keine von denen, die so lange an der Sprache herumreinigen, bis keine Flecke mehr, sondern bloß noch Löcher da sind, das weiß ich schon. Ich weiß auch, daß es wirklich so etwas wie ‹hochtrabende› Fremdwörter gibt; wenn einer in Deutschland ‹phänomenologisches Problem› schreibt, dann hat er es ganz gern, wenn das nicht alle verstehn. So wie sich ja auch manche Schriftsteller mit der katholischen Kirche einlassen, nur damit man bewundre, welch feinen Geistes sie seien... Soweit hast du ganz recht. Aber nun sieh auch einmal die andre Seite.

Es gibt heute in Deutschland einen Snobismus der schwieligen Faust, das Fremdwort ‹Snobismus› wollen wir gleich heraus haben. Es gibt da also Leute, die, aus Unfähigkeit, aus Faulheit, aus Wichtigtuerei, sich plötzlich, weil sie glauben, da sei etwas zu holen, den Arbeitern zugesellen, Leute, die selber niemals mit ihrer Hände Arbeit Geld verdient haben, verkrachte Intellektuelle, entlaufene Volksschullehrer, Leute, die haltlos zwischen dem Proletariat der Arme und dem des Kopfes, zwischen Werkstatt und Büro hin- und herschwanken – und denen nun plötzlich nichts volkstümlich genug ist. Maskenball der Kleinbürger; Kostüm: Monteurjacke. Nein, du gehörst nicht dazu – ich erzähle dir nur davon. Und da hat nun eine Welle von ‹Arbeiterfreundlichkeit› eingesetzt, die verlogen ist bis ins Mark.

Man muß scharf unterscheiden:

Schreibt einer für die Arbeiter, für eine Leserschaft von Proletariern, so schreibe er allgemeinverständlich. Das ist viel schwerer als dunkel und gelehrt zu schreiben – aber man kann vom Schriftsteller verlangen, daß er gefälligst für die schreibe, die sein Werk lesen sollen. Der Proletarier, der abends müde aus dem Betrieb nach Hause kommt, kann zunächst mit so einem Satz nichts anfangen:

«Die vier größten Banken besitzen nicht ein relatives sondern ein absolutes Monopol bei der Emission von Wertpapieren.»

Dieser Satz aber ist von Lenin (*‹Der Imperialismus als jüngste Etappe des Kapitalismus›*), und der Satz ist, bei aller Klarheit des Gedankens, nicht für die Straßenpropaganda geschrieben. Denn hier läuft die Grenzlinie: Die einen betreiben den Klassenkampf, indem sie ihre Schriften verteilen lassen, sie wirken unmittelbar, sie wenden sich an jedermann – also müssen sie auch die Sprache sprechen, die jedermann versteht. Die andern arbeiten für den Klassenkampf, indem sie mit dem wissenschaftlichen Rüstzeug der Philosophie, der Geschichte, der Wirtschaft zunächst theoretisch abhandeln, wie es mit der Sache steht. Lenin hat beides getan; der Fall ist selten.

Die zweite Art Schriftstellerei kann nun nicht umhin, sich der Wörter und Ausdrücke zu bedienen, die bereits vorhanden sind. Ich habe mich stets über die Liebhaber der Fachausdrücke lustig gemacht, jene Affen des Worts, die da herumgehen und glauben, wer weiß was getan zu haben, wenn sie «Akkumulation des Finanzkapitals» sagen, und denen das Maul schäumt, wenn sie von «Präponderanz der innern Sekretion» sprechen. Über die wollen wir nur lachen. Vergiß aber nicht, daß Wörter Abkürzungen für alte Denkvorgänge sind; sie rufen Gedankenverbindungen hervor, die bereits in den Menschen gleicher Klasse und gleicher Vorbildung schlummern und auf Anruf anmarschiert kommen – daher sich denn auch Juristen oder Kleriker oder Kommunisten untereinander viel leichter und schneller verständigen können als Angehörige verschiedener Gruppen untereinander.

Es ist nun für einen Schriftsteller einfach unmöglich, alles, aber auch alles, was er schreibt, auf eine Formel zu bringen, die jedem, ohne Bildung oder mit nur wenig Bildung, verständlich ist. Man kann das tun. Dann aber sinkt das Durchschnittsmaß des Geschriebenen tief herunter; es erinnert das an den Stand der amerikanischen Tagesliteratur, die ihren Ehrgeiz daran setzt, auch in Bürgerfamilien gelesen werden zu können, bei denen kein Anstoß erregt werden darf. Und so sieht diese Literatur ja auch aus. Will man aber verwickelte Gedanken, die auf bereits vorhandenen fußen, weil keiner von uns ganz von vorn anfangen kann, darstellen, so muß man sich, wenn nicht zwingende Gründe der Propaganda vorliegen, der Fachsprache bedienen. Keiner kommt darum herum. Auch Lenin hat es so gehalten. Oder glaubst du, daß seine Schrift ‹*Materialismus und Empiriokritizismus*› für jeden Proletarier ohne weiteres verständlich sei? Das ist sie nicht. Wer über Kirchengeschichte des zweiten Jahrhunderts schreibt, kommt ohne die lateinischen Ausdrücke der damaligen Zeit nicht aus.

Soll er eine Übersetzung beigeben? Schopenhauer platzte vor Wut bei dem Gedanken, solches zu tun; er wurzelte aber – bei aller Größe – in dem Ideal der humanistischen Bildung seiner Zeit und seiner Klasse; er hatte recht und unrecht. Es gibt heute bereits eine Menge Schriftsteller und Zeitschriften, die jedem fremdsprachigen Zitat die Übersetzung folgen lassen; es ist Geschmackssache. Ich tue es selten; ich zitiere entweder gleich auf deutsch oder manchmal, wenns gar nicht anders geht, lasse ich die fremdsprachigen Sätze stehn – dann nämlich, wenn ich das, was in den fremden Wörtern schlummert, nicht übertragen kann. Man kann alles übersetzen – man kann nicht alles übertragen. Es gibt zum Beispiel gewisse französische Satzwendungen, Wörter... die sind so durchtränkt von Französisch, daß sie auf dem Wege der Übersetzung grade das verlieren, worauf es ankommt: Klang, Melodie und Geist.

Nun kenne ich das Gefühl sehr wohl, das einen beseelt, der solches liest und der nicht oder nicht genügend Französisch kann. Man kommt sich so ausgeschlossen vor. Man fühlt die eigne Schwäche; man wird böse, wütend... und man wälzt diese Wut, die eigentlich der eigenen Unkenntnis (verschuldet oder nicht) gilt, auf den andern ab. Ich spreche zum Beispiel miserabel Englisch und verstehe es kaum, und es hat jahrelang gedauert, bis ich mit dem Verstande dieses dumpfe Wutgefühl aus mir herausbekommen habe. Lese oder höre ich heute Englisch, so schmerzt es mich, es nicht gut zu verstehen – aber ich bin auf den Schrei-

Sprache hat immer...

...auch etwas mit Denken zu tun, mit Bewußtsein, mit geistiger Bildung. Wer Sprache beherrscht, besitzt eine unschätzbare Waffe.

Tucholsky lebte und schrieb in der Zeit des ausgehenden Klassenkampfes. Leidenschaftlich bemühte er sich, in seinen Artikeln die breite Masse der Arbeiterschaft zu selbständigem, kritischem Denken zu bewegen.

Mehr als fünfzig Jahre nach Tucholskys Tod gibt es in Deutschland keinen Klassenkampf mehr. Die arbeitenden Menschen sind sich ihrer partnerschaftlichen Rolle im Wirtschaftsgefüge bewußt. Zu ihr gehört auch die Planung der eigenen Finanzen.

Pfandbrief und Kommunalobligation

Meistgekaufte deutsche Wertpapiere - hoher Zinsertrag - bei allen Banken und Sparkassen

Verbriefte Sicherheit

benden oder Sprechenden nicht mehr böse. Er kann doch nichts dafür, daß ich es so schlecht gelernt habe.

Siehst du, so ist das.

Es ist kein Verdienst der Söhne, wenn ihre Väter so viel Geld hatten, daß sie die Söhne aufs Gymnasium schicken konnten, gewiß nicht. Und was in den meisten Fällen dabei herauskommt, wissen wir ja auch. Aber unterscheide gut, Erna, zwischen den beiden Gattungen, die da Fremdwörter gebrauchen:

den Bildungsprotzen, die sich damit dicke tun wollen, und den Schriftstellern, die zwischen ‹induktiv› und ‹deduktiv› unterscheiden wollen und diesen Denkvorgang mit Worten bezeichnen, die geschichtlich stets dieser Bezeichnung gedient haben.

Die Intellektuellen eines Volkes sollen nicht auf dem Niveau von schnapsdumpfen Gutsknechten stehn – sondern der Arbeiter soll in Stand gesetzt werden, die intellektuellen Leistungen der Gemeinschaft zu verfolgen. Nicht: reinlich gewaschene Körper sind ein Abzeichen von Verrat am Klassenkampf – sondern: alle sollen in die Lage gesetzt werden, sich zu pflegen. Den Körper, Erna, und den Geist.

Ignaz Wrobel (1930)

Der Engländer hat für jeden Begriff ein Wort und für jede seiner Nuancen noch eins – da ist ein großer Wortreichtum. Bei dem Franzosen ist das anders. Wenn man den fragt, wie ein besonders kniffliger Begriff auf französisch heiße, dann denkt er lange nach. Und dann sagt er: «faire».

Peter Panter (1930)

Das Englische ist eine einfache, aber schwere Sprache. Es besteht aus lauter Fremdwörtern, die falsch ausgesprochen werden.

Peter Panter (1931)

So verschieden ist es im menschlichen Leben –!

Ich möchte einmal eine Bücherbesprechung lesen, in der nicht das Wort «menschlich» vorkommt.

Peter Panter (1928)

Wenn einer einen Tintenklex auf dem Kinn hat und damit ernste Sachen redet, dann färbt die Tinte auf das Ernste ab, und alle seine Argumente werden lächerlich. So kindisch sind wir Menschen.

Peter Panter (1931)

Sie sprach so viel, daß ihre Zuhörer davon heiser wurden.

Peter Panter (1931)

Reden können; gut sprechen; einen Saal zu ‹haben› – das ist eine der niedrigsten Fähigkeiten, die es gibt. Sie ist in Deutschland so selten, daß der gute Redner stets angestaunt wird. Für einen Menschen und nun gar für eine Sache besagt die Tatsache, daß einer gut reden kann, noch gar nichts.

Peter Panter (1932)

Merkwürdig, was dieselben zweitausend Menschen zu gleicher Zeit sein können: unsre tapfern Krieger; Mob; Volksgenossen; verhetzte Kleinbürger. Wie man eine Masse anspricht, so fühlt sie sich.

Peter Panter (1932)

Ein Mitarbeiter dieser Blätter hatte einst einen sonderbaren Traum. Er träumte, daß er sein Abitur noch einmal machen müßte, und das Thema zum deutschen Aufsatz lautete: «Goethe als solcher.»

Peter Panter (1932)

Die Überschrift

Das haben wir eigentlich aus Amerika gelernt, nicht auf die Suppe, sondern auf den Topf zu gucken. Früher fragte man, wie eine Medizin wirke, heute, wie sie verpackt sei. Ein Königreich für einen Titel!

Die Zeitungen habens verschuldet, deren geschickteste Angestellte sich den Kopf zerbrechen müssen, um einen Titel, ein lockendes, fettgedrucktes Wort zu erfinden... Es ist nicht zu tadeln, wenn eine gute typographische Druckanordnung die Orientierung des Lesers erleichtert, – aber das geschieht bei uns auf Kosten des Inhalts. Die Überschrift macht den Kohl fett, der sonst so fad wäre, daß ihn niemand schlucken möchte.

Wenn die Überschrift noch den Extrakt der Nachricht, des Artikels enthielte: keine Spur! Anreizen soll sie, und die Folge ist, daß der ewig überhungrige Leser die dünne Kaviarschicht durchbeißt, auf den pappigen Teig stößt und dann das Ganze überdrüssig wegwirft. So werden viele guten Dinge diskreditiert: nur durch die Überschrift. Es gibt gerade in Berlin Zeitungen, die es darin zu einer beängstigenden Fertigkeit gebracht haben. Es kann kommen, was da will: eine Überschrift muß es haben, die den Leser vor den Kopf stößt. Wie? ‹Der Glaszauber›? – Und nachher ist es ein Flaschenfabrikant, der allerlei Triviales über sein Geschäft erzählt. ‹Der Schrei in der Nacht›? Und das wird wohl das Pfeifen einer Lokomotive bedeuten, und daran anschließend macht es sich sehr hübsch, wenn man ein wenig über die Lohnforderungen der Eisenbahnarbeiter schwätzt. In dieser Art: weil man erstens in der Regel nur Triviales zu bieten hat und zweitens der verhätschelte Leser für ernste und anstrengende Dinge nicht zu haben ist, verputzt man einen an sich gleichgültigen Aufsatz mit glitzernden Mätzchen und krönt ihn mit der Krone des Kolportageromans, mit einem wilden Titel.

Darunter leiden vor allem die Berichte aus den Gerichtsverhandlungen. ‹Ein trübes Sittenbild aus dem dunkeln Berlin.› ‹Der geheimnisvolle Juwelendiebstahl.› ‹Der Mord im Pantinenkeller›, und der Unterschied zwischen einem Schundroman und einer parodistischen Operette wird nicht immer gewahrt.

Der Brauch, Flaschen abgestandener Flüssigkeiten mit aufreizenden Etiketts zu bekleben, hat seine Gefahr, weil der Leser gern seine wirklichen Erlebnisse etikettiert. Es gibt schon eine Menge Leute, die nicht deutsch, sondern Zeitungsdeutsch sprechen und die, statt einen komplizierten Seelenvorgang zu untersuchen, das Wort ‹Lebenswandel› vorziehen.

Die Aufmerksamkeit des bürgerlichen Zeitungslesers auf soziale und wirtschaftliche Kämpfe hinzulenken, ist fast nur noch möglich, wenn man mit einer Dosis ranziger Sentimentalität aufkocht. Ehrliche, sachliche Zahlen, trockenes Material wirken längst nicht mehr. Die Überschrift wirkt, die Überschrift, das Etikett, die Schablone, das Schema: mit ihnen amerikanisiert diese aufkommende Presse die Köpfe und die Geister.

Ignaz Wrobel (1914)

Die letzte Seite

Mein Beruf – ich bin Zweiter Leuchtturmwächter auf der kleinen Ostseeinsel Achnoe, und die Nächte sind lang – mein Beruf zwingt mich, viel und ausgiebig zu lesen. Um neue Bücher ist mir nicht bange – die bekomme ich von meinem Freund, Herrn Andreas Portrykus, dem Nachtredakteur des ‹Strahlförder Generalanzeigers› (mit Unfallversicherung). Er schenkt mir alle Rezensionsexemplare, und so lese ich Nacht für Nacht, alles durcheinander: Romane und Reisebeschreibungen und zarte, sinnige Geschichten aus edler Frauenhand, und was man eben so liest.

Und wenn der Wind an die dicken Scheiben stößt, wenn mein Burgunderpunsch auf dem Tisch dampft, der bräunliche Tabak knastert und ich alter Mann wieder einmal froh bin, diesen Posten ergattert zu haben –: dann kommt es wohl vor, daß ich aus Zerstreutheit und guter Laune die Bücher von hinten zu lesen beginne, so, wie man aus einem Kuchen sich zuerst die Rosinen herausknabbert. Und da bin ich zu der Entdeckung gekommen, daß die Schlüsse all der vielen Bücher sich deutlich nach verschiedenen Arten gruppieren lassen. Es gibt Normalschlüsse, die immer wiederkehren: der Autor mag vom Mond heruntergefallen sein, am Schlusse besinnt er sich doch auf sein edles Menschentum und redet deutsch.

Heute nacht habe ich wieder vier Pfund Bücher gelesen – mir ist noch manches im Gedächtnis. Ich will es einmal versuchen.

Der Unterhaltungsroman, der Erfolg hat
«...Gefühlt habe ich es schon lange», flüsterte Helene. «Aber du hast es mir erst ins Bewußtsein gebracht. Jetzt beginne ich erst wirklich zu leben.» – Edgar zog sie an sich...

So verrannen ihnen die Stunden, ohne daß sie es merkten. Dann schritten sie miteinander über das abendlich dämmernde Feld, auf dem sich der würzige Geruch der jungen Kartoffeln mit dem süßen Duft der Rosen mischte.

Edgar Helmenberg führte seine junge Braut in das Haus auf dem Hügel. Der Mond ging auf. Er ergriff ihre Hand. «Siehst du den Mond?» sagte er stark. «Ich aber will dir die Sonne geben!» – Und gebannt flüsterte sie: «Die Sonne!» –

Der Unterhaltungsroman, der keinen Erfolg hat
Es war alles aus. Kuno stand an den Scherben seines bescheidenen Glücks. Warum ihm das Unglück? Warum gerade ihm? Und die anderen? Ingrimmig ballte er die Fäuste – und ließ dann doch die Hände wieder sinken.

Da zogen sie hin; wie sie gelacht hatte, seine – ja seine! – Gertrud. Herr Doktor Holtzenheimer aber hatte Geld und war ein flotter Kerl...

Die lange Liebe, die Werbungen so vieler Jahre – alles vergebens. Da brach er weinend zusammen und zerknickte die Rose in seiner Tasche...

Professorale Reisebeschreibung
So endet diese meine schöne und lehrreiche Reise in das Sonnenland Ägypten. Sie hat mir viel Neues gezeigt und meinen Wissenskreis erweitert. Sie hat mir aber auch bewiesen, wie heutzutage der Deutsche überall wohlgelitten ist, wenn er nur seinen Platz an der Sonne verteidigt. Möge das Büchlein seinen Lesern Unterhaltung und anregende Belehrung gewähren, damit auch

sie dereinst hinausziehen in das altehrwürdige Land des Nils und der Könige Ramses und Ramsenit!

Bemerkt mag noch werden, daß der auf Seite 154 erwähnte mittlere Fliegenpilz auch in Deutschland beobachtet worden ist. So hat nach einer Mitteilung Schaedlers im ‹Geographischen Wochenblatt› ein Lehrer in Meißen einen solchen gefunden und auch bestimmt.

Die Moderne um 1900

«Seele», flüsterte er. Dann knallte ein Schuß. Die aufgeschreckten Hausbewohner liefen durcheinander — Schutzleute bahnten sich einen Weg durch die Menge. Der Mann im Hausflur war tot. Sein Blut sickerte durch den linken Ärmel auf den hellblau und grünlich karierten Steinfliesboden und verrann in Rinnsaln in den staubigen Fugen...

Altes Buch

«Möge euch», so schloß der Geistliche seine alle Anwesenden aufs tiefste ergreifende Rede, «der liebe Gott den Bund segnen, den zwei so mächtige Familien miteinander durch ihre Kinder geschlossen haben!» –

Was soll ich noch viel erzählen? – Eduard und Kunigunde wurden ein glückliches, aber kinderreiches Paar; der alte Hader war begraben und vergessen. Draußen aber pfeift der Wächter schon die zwölfte Stunde, laß mich das Licht löschen, geneigter Leser! Gute Nacht! –

Das richtige Jungensbuch
(‹Die Lagerfeuer in Kalifornien›)

«Schurke!» knirschte der Mestize. Ein Messer blitzte in seiner Hand – aber mit einem gewaltigen Schlage streckte ihn der alte Trapper nieder. Ein kurzes Röcheln – dann war alles vorbei.

Der alte Trapper geleitete die Karawane noch in die nächste große Stadt S., dann begab er sich wieder in seine Einöde zurück. «Einen Dank brauche ich nicht», sagte er. «Ich habe nur getan, was rechtens war.»

Franz und Fräulein Armstrong, die Erbin des Goldfundes, wurden ein Paar und lebten glücklich und zufrieden.

Der Kellner Fritz bekam eine zuträgliche Stellung in San Francisco, die er heute noch innehat.

Von dem hinterhältigen Don Pedro hat kein Mensch mehr etwas gehört. Er blieb verschollen.

Der alte Indianer Hefrakorn aber erhielt das Gnadenbrot bei Krafts. Franz Kraft ist ein alter Mann geworden, und Kinder und Enkel umspielen seine Knie. Wenn er aber mit seiner immer noch schönen Frau, seinen Kindern und dem alten Indianer um den runden Tisch zusammensitzt, dann gedenken sie wohl noch oft der

‹Lagerfeuer in Kalifornien›.

Ja, wird stets der geneigte Leser nun sagen: Das ist ja alles sehr schön und nett – aber wie soll denn ein Buchschluß nun sein? Diese gefallen doch dem Herrn Leuchtturmwächter alle nicht...

Ich muß sagen, daß ich in meiner jetzt zwanzigjährigen Dienstzeit nur einmal einen wirklich guten, ehrlichen und motivierten Buchschluß gefunden habe. Er fand sich in einem Gedichtbüchlein ‹Frühlingsstimmen› von Herrn Hugo Taubensee. Der Mann war – wie man aus dem beigehefteten Porträt sehen konnte – Postschaffner, aber auch Dichter, eine der so häufigen Verbindungen von Geschäftsmann und Romantiker. Der Verleger war nur Geschäftsmann.

Diese ‹Frühlingsstimmen› klangen folgendermaßen aus:

«Mitteilung an den Leser!

Die gesammelten Gedichte des Verfassers gehen in Wirklichkeit noch weiter. Weil ich aber nicht in der bemittelten Lage bin, weiteres Papier und auch die Druckkosten anzuschaffen, so sehe ich mich gezwungen, die Gedichte hier abzubrechen. Ich will aber, wenn der Absatz dieses Büchleins ein entsprechender ist, die ‹Frühlingsstimmen› gern fortsetzen. Die Leser handeln also im eigenen Interesse, wenn sie das Buch fleißig kaufen und weiter empfehlen!»

Das heiß ich einen Schluß! Von jetzt an werde ich mich mehr den Anfängen zuwenden.

Peter Panter (1916)

Die Kunst des Couplets

Die Ansicht der Deutschen, daß es keine ‹Kunst› sei, ein Couplet zu schreiben, hat diese Liedgattung hierzulande so niedrig sein lassen, wie sie eben ist. Ein Couplet... das ist eine mehr oder minder roh zusammengehauene Sache, ein Sammelsurium faulster Witze, ein grobes Gedicht – zum Schluß mit dem unvermeidlichen Refrain, der möglichst zweideutig und möglichst unsinnig zu sein hat, damit er zieht. Ist das ein Couplet? Es könnte anders sein.

Die Begabung, ein gutes Couplet zu schreiben, ist vereinzelt, und eine Angelegenheit, die nur wenig mit sonstigen Begabungen zu tun hat. Sicher ist, daß ein sonst untadliger Literat, ein Verskünstler, ein Humorist nicht durchaus brauchbare Couplets zu liefern braucht.

Das Couplet hat seine eigenen Gesetze. Es muß zunächst einmal mit der Musik völlig eins sein (das ist eine große Schwierigkeit), und dann muß es so aus dem Geist der Sprache heraus geboren sein, daß die Worte nur so abrollen, daß nirgends die geringste Stockung auftritt, daß die Zunge keine Schwierigkeiten hat, die Wortfolge glatt herunterzuhaspeln. Nun verwechseln die Leute bei uns mit dieser scheinbar kleinen Klasse der Technik (Leichtgewicht) den Inhalt, und der ist denn auch meistens danach. Was steht denn in unseren Couplets meistens drin?

Das deutsche Couplet, das keineswegs literaturfähig ist, steht fest auf zwei dicken Säulen: auf dem Stumpfsinn und auf der Zote. Auf der einen Seite: «An dem Baume – da hängt ne Pflaume» – und auf der anderen: «Fischerin, du kleine – zeig mir deine Beine!» Vereinigt das Couplet beides, so schmunzelt der Theaterdirektor und klopft dem Textmacher befriedigt auf die Schulter. Das ist etwas fürs Sonntagspublikum.

Wir anderen aber vom Wochentag hätten gern auch etwas und wären zufrieden, wenn begabte und geschmackvolle Literaten sich die Technik, diese unendlich schwere Technik des erfolgreichen Couplets zunutze machten, um *ihre* Gedanken und ihre Wertungen darin auszudrücken. Aber wer kann das?

Die Geringschätzung, der sich das Couplet hierorts erfreut, beruht nicht auf seiner Technik: sie beruht auf seinem Inhalt.

Zunächst und heute noch mit Recht. Unter der alten Zensur konnte das politische Couplet überhaupt nicht wachsen – und die faustdicke Konzession, die da ans Parterre gemacht wurde, war sicherlich nicht dazu angetan, Sympathien für eine Kunstgattung zu entwickeln, die bei der schwerflüssigen Art unserer Gebildeten sowieso das böseste Mißtrauen von vornherein wachrief. Ein Couplet? A bah!

Dabei sind die Möglichkeiten, aus dem Couplet etwas durchaus Salonfähiges und Geistvolles zu machen, gegeben. Freilich gehören einige Kleinigkeiten dazu: Gesinnung, Geschmack und großes Können.

Gesinnung: Der neue Coupletdichter müßte nun einmal nicht nur die untere Partie des Menschen in den Kreis seiner Betrachtungen ziehen, er müßte – so frei und frech er auch die Liebe behandeln könnte – nun einmal nicht das Spitzenhemd der Gnädigen als Zentrum der Welt ansingen. Er müßte politisch mutig sein – ob er da nun Hindenburg oder Kautsky feiert, ist, objektiv betrachtet, gleichgültig – wenn er nur dran glaubt und diese Feier nicht nur des Parketts wegen unternimmt. Heute liegen die Dinge noch so, daß Textdichter, Unternehmer und Schauspieler eine Heidenangst vor dem Publikum haben und ihm nur das servieren, was es erfahrungsgemäß beklatscht. Falsch. Man kann nämlich – aber nicht drüber sprechen – auch mit guten Dingen ein gutes Geschäft machen.

Geschmack: Der neue Coupletdichter müßte den unerlernbaren Takt besitzen, gewisse Dinge nicht zu sagen. Nichts ist bezeichnender für einen Schriftsteller, als die Dinge, von denen er gar kein Aufhebens macht, das, was für ihn selbstverständlich ist, das, was er als ständige Vokabel im Munde führt: seine Welt. Und daß heute nicht die beste aller Welten daran und dabei ist, die Coupletverse zu schreiben, ist leider evident. Die Gesinnung des Coupletschreibers schwankt heute noch – von wenigen Ausnahmen abgesehen – im Winde, und das ist schade, um des Couplets und um der politischen Sache willen. (Eine solche rühmliche Ausnahme ist übrigens der junge Walter Mehring, der Sohn Siegmar Mehrings. Eine Hoffnung.)

Technik: Der neue Coupletdichter müßte das feinste Handgelenk besitzen. Es ist schwer, Worte in Verszeilen miteinander abzuwägen, es ist schwer, den einen kleinen, leisen Fehler zu vermeiden, der ein ganzes Couplet umwerfen kann, es ist schwer – und das ist nun am schwersten – den Refrain zu gestalten, daß er ‹sitzt›. Es gibt solche und solche: die Reuttersche Technik, einen an sich farblosen Refrain durch den Vortext zu färben, ihm nun erst Gestalt und Inhalt zu geben, mag wechseln mit einem festen, sinnvollen Refrain, der durch seine drei- oder viermalige Wiederholung immer plastischer, immer stärker wirkt. Aber wer kann das?

Das alte französische Cabaret – ich denke da besonders an Aristide Bruant – hatte solche Schriftsteller, die einen Refrain herausgrölen konnten, ohne je derb zu sein, ohne platt und geschmacklos zu sein. Manchmal trifft man bei uns Ansätze, aber sie gedeihen nicht.

Und sie gedeihen deshalb nicht, weil keine Kritik da ist, die sie fördert. Die Operette, wie sie heute ist, das Varieté – sie wollen keine Kritik, wenigstens keine ernsthafte, und sie brauchen sie, von ihrem Standpunkt gesehen, auch gar nicht: denn eine gute Kritik nützt ihnen kaum (die Häuser sind auch ohne sie voll) – und eine schlechte kann höchstens das Geschäft schädigen.

Schade. So wie man früher auf die Gegenstände des täglichen Gebrauches keinen Geschmack angewendet wissen wollte und sich den für hohe Sonn- und Feiertage vorbehielt, so glaubt man heute, Kunst sei gut für die philharmonischen Konzerte, aber für ein Couplet...?

Aber nicht in dem, was Auserwählte ergötzt, zeigt sich der Geist eines Volkes. In dem, was Tausende und Hunderttausende allsonntäglich und heute auch allwochentäglich erheitert, rührt und aufpulvert, kannst du erkennen, wes Geistes Kinder da wohnen. Ach, es sind meistens Stiefkinder.

Hier ist ein Feld, ein Acker, eine Scholle – sie liegen brach. Bebaut sie!

Ignaz Wrobel (1919)

Aus dem Ärmel geschüttelt

«Das», sagen die Leute oft, wenn sie einen Vers von mir lesen, «fällt Ihnen gewiß sehr leicht. Es klingt, als ob...» – «Ich es aus dem Ärmel geschüttelt hatte, wie?» sage ich dann. «Ja», sagen die Leute.

Die Mühe, die es macht, der deutschen Sprache ein Chanson – und nun noch gar eins für den Vortrag – abzuringen, ist umgekehrt proportional zur Geltung dieser Dinge. «Es steht nicht dafür», sagen die Wiener. Ich habe nie geglaubt, daß so viel Arbeit dahinter steckt, um zu erreichen, daß Leute abends zwei Stunden lachen, ohne daß sie und die Autoren sich hinterher zu schämen haben. Und gar, bis es so weit ist, daß man denkt, wir hätten es ‹aus dem Ärmel geschüttelt›! Zum Glück sieht keiner die erste Niederschrift: wie krumplig, wie schwerfällig, wie schwerflüssig ist da noch alles...

Der Tragöde hats gut. Wenn er noch so mittelmäßig ist: er rollt doch mit den Augen, und das verfehlt hierzulande seine Wirkung nie. Bei uns wollen sie sich scheckig lachen (drei Poängten pro Zeile) und hinterher verachten sie das. Und daß einer gar dabei ernst sein kann, das ahnen sie kaum. Wie wenige hören es zwischen den Zeilen Walter Mehrings schluchzen! Es sind ja nur Chansons. (Und doch sind die da aus der Seele geschüttelt.)

Aber wer nun einmal das Cabaret (mit einem t, bitte!) liebt... Es ist eine unglückliche Liebe.

Theobald Tiger (1921)

Mir fehlt ein Wort

Ich werde ins Grab sinken, ohne zu wissen, was die Birkenblätter tun. Ich weiß es, aber ich kann es nicht sagen. Der Wind weht durch die jungen Birken; ihre Blätter zittern so schnell, hin und her, daß sie... was? Flirren? Nein, auf ihnen flirrt das Licht; man kann vielleicht allenfalls sagen: die Blätter flimmern... aber es ist nicht das. Es ist eine nervöse Bewegung, aber was ist es? Wie sagt man das? Was man nicht sagen kann, bleibt unerlöst – ‹besprechen› hat eine tiefe Bedeutung. Steht bei Goethe ‹Blattgeriesel›? Ich mag nicht aufstehen, es ist so weit bis zu diesen Bänden, vier Meter und hundert Jahre. Was tun die Birkenblätter –?

(Chor): «Ihre Sorgen möchten wir... Hat man je so etwas... Die Arbeiterbewegung... macht sich da niedlich mit der deutschen Sprache, die er nicht halb so gut schreibt wie unser Hans Grimm...» Antenne geerdet, aus.

Ich weiß: darauf kommt es nicht an; die Gesinnung ist die Hauptsache; nur dem sozialen Roman gehört die Zukunft; und das Zeitdokument – oh, ich habe meine Vokabeln gut gelernt. Aber ich will euch mal was sagen:

Wenn Upton Sinclair nun auch noch ein guter Schriftsteller wäre, dann wäre unsrer Sache sehr gedient. Wenn die pazifistischen Theaterstücke nun auch noch prägnant geschrieben wären, daß sich die Sätze einhämmern, dann hätte unsre Sache den Vorteil davon. Sprache ist eine Waffe. Haltet sie scharf. Wer schludert, der sei verlacht, für und für. Wer aus Zeitungswörtern und Versammlungssätzen seines dahinlabert, der sei ausgewischt, immerdar. Lest dazu das Kapitel über die deutsche Sprache in Alfons Goldschmidts ‹Deutschland heute›. Wie so vieles, ist da auch dieses zu Ende gesagt.

Was tun die Birkenblätter –? Nur die Blätter der Birke tun dies; bei den andern Bäumen bewegen sie sich im Winde, zittern, rascheln, die Äste schwanken, mir fehlt kein Synonym, ich habe sie alle. Aber bei den Birken, da ist es etwas andres, das sind weibliche Bäume – merkwürdig, wie wir dann, wenn wir nicht mehr weiterkönnen, immer versuchen, der Sache mit einem Vergleich beizukommen; es hat ja eine ganze österreichische Dichterschule gegeben, die nur damit arbeitete, daß sie Eindrücke des Ohres in die Gesichtssphäre versetzte und Geruchsimpressionen ins Musikalische – es ist ein amüsantes Gesellschaftsspiel gewesen, und manche haben es Lyrik genannt. Was tun die Birkenblätter? Während ich dies schreibe, stehe ich alle vier Zeilen auf und sehe nach, was sie tun. Sie tun es. Ich werde dahingehen und es nicht gesagt haben.

Peter Panter (1929)

Was tun die Birken?

So habe ich neulich hier gefragt... was sie wohl tun, die Birkenblätter. Sirren?...flirren?...flimmern?...ich wußte es nicht.

Brunhild schreibt: sie ‹schauern›. Na, schauern... vielleicht tut das der ganze Baum – aber er friert doch gar nicht, mir ist dies Wort zu schwer für das leichte Gezweig.

Georg Hermann zitiert Liliencron:
> Der Birke Zischellaub verstummte
> In ferne Länder floh der Tag...

– das ist schon ähnlicher. Hier ist es wenigstens phonetisch gelöst; aber wenn man nun weitab steht und es nicht hören kann –?

Aber Georg Hermann kommt mir grade recht. Liliencron... Neulich hat Franz Blei in der ‹Literarischen Welt› an ihn erinnert; ich glaube, daß er ihm Unrecht getan hat. Er sagte: der habe es sich so leicht gemacht; er habe mit der Muse getändelt. Ach nein – er hat gearbeitet wie ein Schwerarbeiter, gestrichen, gebosselt, verbessert, und abgeschrieben, bis es ‹saß›. Ich meine, daß man ihn noch heute mit Genuß lesen kann – es stehen da wunderherrliche Gedichte (verliert sich in vierstündiger Lektüre Liliencrons; auftauchend:) Weil aber in politisch vermuffter Zeit ästhetische Werturteile immer gleich so feierlich genommen werden: ich lese Franz Blei mit größtem Vergnügen und mit mehr als Vergnügen. Divergenz über ein literarisches Werturteil ist kein Krieg.

Mein Gott, was tun die Birkenblätter –? Brunhild, komm her und stell dich unter einen Birkenbaum. Ich seh dich an – schauer mal. Fühlst du den Unterschied? Was tun sie? Ich werde dahingehen und es nicht gesagt haben.

Peter Panter (1929)

Staatspathos

Wie kommt es eigentlich, daß die Reden, die unsre Staatsmänner bei allen möglichen und unmöglichen Gelegenheiten halten, so unsagbar töricht, leer und kindisch sind? Das muß doch nicht so sein. Die Leute, die das tun, stehen sehr oft über dem Niveau des Gesagten – was machen sie da nur –?

Sie greifen acht Töne zu hoch. Sie zwingen sich, in falschen Tonlagen zu singen, das rächt sich. Und warum tun sie das?

Weil sie mit aller Gewalt – bei Brückeneinweihungen, Anstaltseröffnungen, Fleischbeschau-Ausstellungen und Amtsübernahmen – ihre Hörer für so dümmlich halten, wie die in dieser Minute zu sein vorgeben. In Wahrheit glaubens auch die Hörer nicht. Habt euch doch nicht so.

Der Staat ist längst nicht mehr der große Gott und der dicke Manitou. Der Staat hat nicht mehr die Allmacht in Händen – fragt nur bei den Banken, bei denen ihr euch das Geld borgt, damit ihr weiter machen könnt. Dieses Pathos glaubt euch kein vernünftiger Mensch.

Ihr wendets nur an, weil sich im Laufe der Zeit ein Epigonen-Stil für Festredner herausgebildet hat, die das Jubiläum eines Kegelklubs begehen, als begrüßten sie den Präsidenten Hindenburg, und umgekehrt. Ist das nicht schrecklich? Es ist, als zögen diese im Alltagsleben wahrscheinlich ganz nüchtern denkenden Männer mit ihrem schwarzen Rock noch etwas andres an – vage Erinnerungen an wilde Wagner-Opern, deutsches Trompetengeschmetter, den kollernden Baß ehrwürdiger Vereinsvorsitzender oder das überkippende Falsett junger Ministerialdirektoren. Laßt doch das sein.

Warum sprecht ihr nicht schön einfach? Denn dazu feiert ihr solcherlei Festivitäten viel zu oft, als daß jede einzelne noch ein Festtag sein könnte. Und dann will gehobene Sprachweise gelernt sein, sie steht nicht jedermann zur Verfügung – wenn aber einer so spricht, wie ihm der Schnabel gewachsen ist, dann kanns gut gehen.

Da hat sich jedoch eine Amts-Terminologie entwickelt, die gradezu fürchterlich ist. Man lese einmal nach – wenn man das zu Ende bringt! – wie bei Rheinlandfeiern, bei Amtsantritt und Abschied, bei Begrüßungen fremder Souveräne den Beamten die Hefe aufgeht. Ich weiß sehr gut, daß eine gewisse offizielle Ausdrucksweise nötig ist – man soll ja nicht immer sprachschöpferisch wirken; es ist auch ungefährlicher, bei der Tradition zu bleiben. Gut und schön – aber was ist das für eine Tradition!

Wenn einer sein Amt übernimmt, dann betont er zunächst einmal emphatisch, daß er es gar nicht hat haben wollen. Er opfert sich, sozusagen. Es wird ein bißchen viel geopfert bei uns... Und wenn sie in den Reden brausend sind, dann sind sie viel zu brausend, und wenn sie schlicht sind, sind sie viel zu schlicht – sie sind immer alles hoch zwei und wissen nicht, daß eine Wahrheit, zum Quadrat erhoben, sehr oft eine Lüge ergibt. Wie markig hallt die Phrase! Wie zischen die vergilbten Vergleiche! Wie wimmelt es von aufgeschnappten und unerlebten Bildern, die so staubig sind, daß es einem trocken im Hals wird, wenn man das mitanhört! Es ist, als könnten sie gar nicht mehr vernünftig sprechen.

Aber viele Hörer wollens so. Die stehen dann da, mit einem Ausdruck im Gesicht, wie ein Hammel, der darüber nachdenkt, ob er nun mal strullen soll; das Kinn haben sie an den Kragen gepreßt, und während sie zuhören, ohne aufzupassen, glauben sie im Augenblick auch wirklich alles, was ihnen da zu einem Ohr hinein und zum, sagen wir, andern wieder herausgeht. Es ist wunderschön. Gehts denn nicht einfach? Doch, es geht auch einfach.

«Liebe Kinder! Ich wünsche euch vor allem Gesundheit. Der Mensch hat die Pflicht, gesund zu sein, nur so kann er den andern helfen und wird ihnen nicht zur Last fallen. Erhaltet euren Körper und die Wohnungen sauber. Betreibt Sport und fürchtet euch nicht vor Luft, Wasser und Sonne.»

Das hat allerdings der Präsident Masaryk gesagt. Und vor Kindern. Denn vor Erwachsenen; – da ist das natürlich ganz etwas andres.

«Meine Damen und Herren! Im Namen der Reichsregierung kann ich erklären: Der heutige Tag ist ein Markstein in der Geschichte von Köln-Nippes. Die Anstalt für geprüfte Kreis-Hebammen, die wir heute dem öffentlichen Verkehr übergeben, ist so recht geeignet, Brücken zu schlagen...»

Mensch! halt die Luft an. Und sprich vernünftig und sauber und ohne Pathos. Es ist besser für uns alle.

Ignaz Wrobel (1930)

Ratschläge für einen schlechten Redner

Fang nie mit dem Anfang an, sondern immer drei Meilen *vor* dem Anfang! Etwa so:

«Meine Damen und meine Herren! Bevor ich zum Thema des heutigen Abends komme, lassen Sie mich Ihnen kurz...»

Hier hast du schon so ziemlich alles, was einen schönen Anfang ausmacht: eine steife Anrede; der Anfang vor dem Anfang; die Ankündigung, daß und was du zu sprechen beabsichtigst, und das Wörtchen kurz. So gewinnst du im Nu die Herzen und die Ohren der Zuhörer.

Denn das hat der Zuhörer gern: daß er deine Rede wie ein schweres Schulpensum aufbekommt; daß du mit dem drohst, was du sagen wirst, sagst und schon gesagt hast. Immer schön umständlich.

Sprich nicht frei – das macht einen so unruhigen Eindruck. Am besten ist es: du liest deine Rede ab. Das ist sicher, zuverlässig, auch freut es jedermann, wenn der lesende Redner nach jedem viertel Satz mißtrauisch hochblickt, ob auch noch alle da sind.

Wenn du gar nicht hören kannst, was man dir so freundlich rät, und du willst durchaus und durchum frei sprechen... du Laie! Du lächerlicher Cicero! Nimm dir doch ein Beispiel an unsern professionellen Rednern, an den Reichstagsabgeordneten – hast du die schon mal frei sprechen hören? Die schreiben sich sicherlich zu Hause auf, wann sie «Hört! hört!» rufen... ja, also wenn du denn frei sprechen mußt:

Sprich, wie du schreibst. Und ich weiß, wie du schreibst.

Sprich mit langen, langen Sätzen – solchen, bei denen du, der du dich zu Hause, wo du ja die Ruhe, deren du so sehr benötigst, deiner Kinder ungeachtet, hast, vorbereitest, genau weißt, wie das Ende ist, die Nebensätze schön ineinandergeschachtelt, so daß der Hörer, ungeduldig auf seinem Sitz hin und her träumend, sich in einem Kolleg wähnend, in dem er früher so gern geschlummert hat, auf das Ende solcher Periode wartet... nun, ich habe dir eben ein Beispiel gegeben. So mußt du sprechen.

Fang immer bei den alten Römern an und gib stets, wovon du auch sprichst, die geschichtlichen Hintergründe der Sache. Das ist nicht nur deutsch – das tun alle Brillenmenschen. Ich habe einmal in der Sorbonne einen chinesischen Studenten sprechen hören, der sprach glatt und gut französisch, aber er begann zu allgemeiner Freude so: «Lassen Sie mich Ihnen in aller Kürze die Entwicklungsgeschichte meiner chinesischen Heimat seit dem Jahre 2000 vor Christi Geburt...» Er blickte ganz erstaunt auf, weil die Leute so lachten.

So mußt du das auch machen. Du hast ganz recht: man versteht es ja sonst nicht, wer kann denn das alles verstehen, ohne die geschichtlichen Hintergründe... sehr richtig! Die Leute sind doch nicht in deinen Vortrag gekommen, um lebendiges Leben zu hören, sondern das, was sie auch in den Büchern nachschlagen können... sehr richtig! Immer gib ihm Historie, immer gib ihm.

Kümmere dich nicht darum, ob die Wellen, die von dir ins Publikum laufen, auch zurückkommen – das sind Kinkerlitzchen. Sprich unbekümmert um die Wirkung, um die Leute, um die Luft im Saale; immer sprich, mein Guter. Gott wird es dir lohnen.

Du mußt alles in die Nebensätze legen. Sag nie: «Die Steuern sind zu hoch.» Das ist zu einfach. Sag: «Ich möchte zu dem, was ich soeben gesagt habe, noch kurz bemerken, daß mir die Steuern bei weitem...» So heißt das.

Trink den Leuten ab und zu ein Glas Wasser vor – man sieht das gern.

Wenn du einen Witz machst, lach vorher, damit man weiß, wo die Pointe ist.

Eine Rede ist, wie könnte es anders sein, ein Monolog. Weil doch nur einer spricht. Du brauchst auch nach vierzehn Jahren öffentlicher Rednerei noch nicht zu wissen, daß eine Rede nicht nur ein Dialog, sondern ein Orchesterstück ist; eine stumme Masse spricht nämlich ununterbrochen mit. Und das mußt du hören. Nein, das brauchst du nicht zu hören. Sprich nur, lies nur, donnere nur, geschichtele nur.

Zu dem, was ich soeben über die Technik der Rede gesagt habe, möchte ich noch kurz bemerken, daß viel Statistik eine Rede immer sehr hebt. Das beruhigt ungemein, und da jeder imstande ist, zehn verschiedene Zahlen mühelos zu behalten, so macht das viel Spaß.

Kündige den Schluß deiner Rede lange vorher an, damit die Hörer vor Freude nicht einen Schlaganfall bekommen. (Paul Lindau hat einmal einen dieser gefürchteten Hochzeitstoaste so angefangen: «Ich komme zum Schluß.») Kündige den Schluß an, und dann beginne deine Rede von vorn und rede noch eine halbe Stunde. Dies kann man mehrere Male wiederholen.

Du mußt dir nicht nur eine Disposition machen, du mußt sie den Leuten auch vortragen – das würzt die Rede.

Sprich nie unter anderthalb Stunden, sonst lohnt es gar nicht erst anzufangen.

Wenn einer spricht, müssen die andern zuhören – das ist deine Gelegenheit! Mißbrauche sie.

Ratschläge für einen guten Redner

Hauptsätze. Hauptsätze. Hauptsätze.

Klare Disposition im Kopf – möglichst wenig auf dem Papier.

Tatsachen, oder Appell an das Gefühl. Schleuder oder Harfe. Ein Redner sei kein Lexikon. Das haben die Leute zu Hause.

Der Ton einer einzelnen Sprechstimme ermüdet; sprich nie länger als vierzig Minuten. Suche keine Effekte zu erzielen, die nicht in deinem Wesen liegen. Ein Podium ist eine unbarmherzige Sache – da steht der Mensch nackter als im Sonnenbad.

Merk Otto Brahms Spruch: Wat jestrichen is, kann nich durchfalln.

Peter Panter (1930)

Titelmoden

Früher, als ich meiner Mama die ersten Leihbibliotheksbände aus dem Schrank stibitzte, las ich zuerst immer den Titel – und dann wunderte ich mich. Warum hieß wohl dieses Buch ‹Herbststürme›? Auf der ersten Seite stand etwas vom Frühling... Und jedesmal, bei jedem Buch, dachte ich: Wirst du auch verstehen, warum, warum dieses Werk nun grade so heißt, wie es heißt? Manchmal verstand ich es nicht, denn der Titel war das, was Wilhelm Bendow früher zu sagen pflegte, wenn er eine besonders gesalzene Sache gesagt hatte: «Symbolisch».

Wie heißen Bücher –? Kleine Kinder heißen Emma oder Horst, Lydia oder Lottchen... woher die Leute nur immer wissen, wie die Kinder heißen... aber wie heißen Bücher, und warum heißen sie so –?

Thomas Mann ist es gewesen, der, wenn ich nicht irre, einmal gesagt hat, der anständigste Titel sei noch immer ein Eigenname. Dann heißt das Buch nach der Hauptperson seiner Handlung wie ein Mensch – und den symbolischen Gehalt darf sich der Leser selbst heraussuchen.

Büchertitel sind der Mode unterworfen, wie alles andre auch.

In grauer Vorzeit hießen Bücher etwa: ‹*Von der grausamen Türken-Schlacht / so bei Konstantinopul in diesem Jahre stattgeffunden / und mehr denn dreihunderttausend Menschen erschröcklich umgekommen / Gettrukkt in diesem Jahre /*›. Aber solch ein Buch brauchte man nicht telefonisch zu bestellen.

Ferne sei es von mir, die Damen mit einer Doktorarbeit zu langweilen: ‹Zur Geschichte des deutschen Büchertitels von Karl dem Großen bis auf die Gegenwart›, denn so heißen wieder nur Doktorarbeiten. Aber wenn man in der Zeit zurückblättert...

Bei den Klassikern und ihren Epigonen des neunzehnten Jahrhunderts hießen die Bücher: ‹Lucinde› oder ‹Wilhelm Meister›, ‹*Des Knaben Wunderhorn*› oder ‹*Die Räuber*›. Sie trugen also Eigennamen oder eine Etikettenbezeichnung, auf der genau zu lesen war, was den Leser erwartete. Er wußte, was in der Flasche drin war. Das änderte sich.

Es änderte sich, als das Buch in den scharfen Konkurrenzkampf seiner Mitbücher trat. Der Titel war nun mehr als nur

Etikettenaufschrift: er sollte anlocken, neugierig machen, das Buch aus den Bücherballen der Saison herausheben. Die Titelmode wurde bewegter und bunter.

Das begann, um von den letzten deutschen Jahrzehnten zu sprechen, damit, daß die Eigennamen in den Titeln einen Artikel bekamen. ‹*Das Tagebuch der Susanne Oevelgönne*›. – ‹*Der Weg des Thomas Truck*›, und so fort und so fort. Die Figur wurde damit deutlicher bezeichnet, sie wurde herausgehoben, es war nicht mehr irgendeine Regina, sondern diese Regina, einmalig und nie wiederkehrend. Diese Mode hatte von Anfang an etwas Pretiöses und verfiel rasch, wie alle solche Moden, und da, nach einem Worte Rodas, nicht nur Kleider, sondern auch geistige Moden im Hinterhause aufgetragen werden, so findet man solche ‹Dies› und solche ‹Ders› heute nur noch bei schlechten und murksigen Romanen aus vierter Hand.

Neben solchen Moden lief natürlich stets die Schar der Bücher, die eine ganz brave und sachliche Bezeichnung trugen: ‹*Der Pfefferhandel in Nord-Guayana*› oder: ‹*Das Schiffereiwesen in Tibet*› und so. Die Mode der Titel aber wandelte sich.

Einen gewaltigen Einschnitt gab es, als einer, nein: eine, darauf verfiel, daß man ja als Titel auch einen halben Satz nehmen könnte. Dieses Buch, dessen Titel heute noch herumspukt, hieß: ‹Briefe, die ihn nicht erreichten›. Was dieser Titel angerichtet hat, das ist nicht zu blasen.

‹*Frauen, die den Kranz verloren…*› – ‹*Winzer, die im Herbste winzen*› – (Hans Reimann: ‹*Männer, die im Keller husten*›) – ‹*Wollwesten, wie wir sie lieben*›… ein Meer von Relativsätzen ergoß sich über den Leser. Kompliziert noch durch die drei Punkte, die man ehedem überall setzte, damals, als die ‹Skizzen› in den Tageszeitungen keinen Eigennamen enthielten, sondern so anfingen: «Er sah trübe auf seine ungereinigten Fingernägel und dachte sich sein Teil…» – in dieser Dreipunkte-Zeit hatten auch die Titel drei Punkte. «Mädchen, die…» – «Büßer…» – «Sünde…?» Und was der Mensch so braucht.

Bis auch dieses eines Tages nicht mehr genügte.

Die neue Entwicklung begann damit, daß die Titel lockerer wurden. Der ausgezeichnete Titel ‹*Mit Blitzlicht und Büchse durch Afrika*› ist gradezu ein Musterbeispiel geworden, und ausnahmsweise ein gutes. Es knallte aber noch nicht genug – und da kam ein ganz Findiger auf den Gedanken: Ein Titel? Ein Titel kann auch ein ganzer Satz sein. Und nun ging es los.

‹Finden Sie, daß Juckenack sich richtig verhält?› – ‹Wer weint um Constanze?› – ‹Blonde Frauen sehn dich an› – ‹Gentlemen prefer beasts› – die Titel wurden immer lauter, immer frecher, immer schreiender, immer lyrischer... Hierzu Alfred Polgar: «Ich liebe es nicht, wenn man auf dem Menü Proben der Gerichte sieht.» Da ungefähr halten wir.

Der Rückschlag ist schon spürbar.

Über ein kleines, und die ruhigeren Titel werden wieder modern werden; die lauten, krachenden werden dann wieder nach unten versickern. Noch heißen viele Bücher: ‹Ich stehe Kopf – was tun Sie›, aber das wird sich legen. Die großen Schriftsteller haben übrigens diese Mode niemals mitgemacht, und das ist gut so. Literatur ist keine Würfelbude.

Moden, Moden. Einmal trug man «...als Erzieher»; einmal: «Goethe und...»; einmal lange Titel und lange Kleider, einmal kurze Kleider und kurze Titel. Das Tagebuch, das es so gut gibt wie die Tageszeitung, unterliegt der Titelmode; das gute Buch unterliegt dem Zeitgeist, und bei dem großen Kunstwerk ist der Titel *Hekuba*.

Peter Panter (1930)

Die Essayisten

> St. Clou den 25. Juni 1721
> ...Ich habe mitt den zeitungen einen grossen brieff bekommen von dem postmeister von Bern, er heist Fischer von Reichenbach; aber sein stiehl ist mir gantz frembt, ich finde wörtter drinen, so ich nicht verstehe, alsz zum exempel: «Wir uns erfrachen dörffen thutt die von I.K.M.generalpost-verpachtern erst neuer dingen eingeführte

francatur aller auswärtigen brieffschaften uns zu verahnlassen.» Dass ist ein doll geschreib in meinem sin, ich kans weder verstehen, noch begreiffen; das kan mich recht ungedultig machen. Ist es möglich, liebe Louise, dass unssere gutte, ehrliche Teüutschen so alber geworden, ihre sprache gantz zu verderben, dass man sie nicht mehr verstehen kan?

Liselotte von der Pfalz

«Ich habe nun bis ins einzelne verfolgt und nachgewiesen, daß letztere Periodizität der Weltanschauungsformen und erstere Periodizität der Stilformen stets Hand in Hand gehen als religiös-philosophische bzw. ethisch-ästhetische Ausdrucksformen und Widerspiegelungen der organischen Entwicklung jedes Kulturzeitalters von seiner Renaissance bis zu seiner Agonie und daß auch wieder die verschiedenen Kulturzeitalter sich als Volksaltersstufen entsprechend organisch auseinander entwickeln, in großen Zügen als patriarchalische Kindheit, feudale Jugend, konstitutionelle Reife, soziales Alter und kosmopolitisches Greisentum der Völker.»

Und davon kann man leben –?

Offenbar sehr gut, denn dies ist die Lieblingsbeschäftigung vieler Leute: Essays zu schreiben. Die meisten davon sehn so aus wie diese Probe.

Es hat sich bei jenen Schriftstellern, die nie aliquid, sondern immer de aliqua re schreiben, ein Stil herausgebildet, den zu untersuchen lohnt. So, wie es, nach Goethe, Gedichte gibt, in denen die Sprache allein dichtet, so gibt es Essays, die ohne Dazutun des Autors aus der Schreibmaschine trudeln. Jenes alte gute Wort darf auch hier angewandt werden: der Essaystil ist der Mißbrauch einer zu diesem Zweck erfundenen Terminologie. Es ist eine ganze Industrie, die sich da aufgetan hat, und sie hat viele Fabrikanten.

Die Redlichkeit des alten Schopenhauer scheint bei den Deutschen nichts gefruchtet zu haben. Jeder Satz in den beiden Kapiteln ‹Über Schriftstellerei und Stil› und ‹Über Sprache und Worte› gilt noch heute und sollte, Wort für Wort, den Essayisten hinter die Ohren geschrieben werden, es wäre das einzig Lesbare an ihnen. «Den deutschen Schriftstellern würde durchgängig die Einsicht zustatten kommen, daß man zwar, wo möglich, denken soll wie ein großer Geist, hingegen die selbe Sprache reden wie jeder Andere. Man brauche gewöhnliche Worte und sage ungewöhnliche Dinge: aber sie machen es umgekehrt.» Jeder kennt ja diese fürchterlichen Diskussionen, die sich nach einem Vortrag zu erheben pflegen; da packen Wirrköpfe die Schätze ihrer Dreiviertelbildung aus, daß es einen graust, und man mag es nicht hören. Dieser Stil hat sich so eingefressen, daß es kaum einen Essayisten, kaum einen Kaufmann, kaum einen höhern Beamten gibt, der in seinen Elaboraten diesen schauderhaften Stil vermeidet. Das Maul schäumt ihnen vor dem Geschwätz, und im Grunde besagt es gar nichts. Wer so schreibt, denkt auch so und arbeitet noch schlechter. Es ist eine Maskerade der Seele.

Der Großpapa dieses literarischen Kostümfestes heißt Nietzsche, einer der Väter Spengler, und die österreichischen Kinder sind die begabtesten in der Kunst, sich zu verkleiden. Es gibt Anzeichen, an denen man alle zusammen erkennen kann, untrüglich.

Bei Nietzsche finden sich Hunderte von Proben dieses Essaystils, es sind seine schwächsten Stellen. Sie blenden auf den ersten Blick; auf den zweiten erkennt man, welch spiegelnder Apparat die Blendung hervorgebracht hat – die Flamme ist gar nicht so stark, sie wird nur wundervoll reflektiert. Das sind jene bezaubernden Formeln, die sie ihm seitdem alle nachgemacht haben, allerdings mit dem Unterschied, daß die Nachahmer einzig die Formeln geben, während sie bei Nietzsche meist das Ende langer Gedankenreihen bilden – manchmal freilich sind auch sie nur Selbstzweck, ein kleines Feuerwerk im Park. «Sportsmen der Heiligkeit» – das ist sehr gut gesagt, aber es ist zu spitz gesagt. Auch findet sich in diesem Wort eine Technik angewandt, die sie uns in Wien, also in Berlin bis zum Überdruß vorsetzen: die Vermanschung der Termini. Sie hören in der Lichtsphäre; sie sehen Gerüche; sie spielen sich als gute Fechter auf, aber nur im Kolleg, wo sie sicher sind, daß nicht gefochten wird; sie sind Priester in der Bar, und es ist alles unecht. Nietzsche hat ihnen die Pose geliehen; wieweit man einen Künstler für seine Anhänger und auch noch für die falschen verantwortlich machen kann, steht dahin – Nietzsche hat auf sie jedenfalls mehr im bösen als im guten gewirkt. Von ihm jenes «man», wo ‹ich› oder das altmodische ‹wir› gemeint ist; beides hatte einen Sinn, dieses ‹man› ist eine dumme Mode. «Man geht durch das hohe Portal in die Villa der Greta Garbo...» Quatsch doch nicht. Man? Du gehst. Von Nietzsche jene Wichtigtuerei mit dem Wissen, das bei ihm ein organischer Bestandteil seines Humanismus gewesen ist; die Nachahmer aber sind nur bildungsläufig und lassen ununterbrochen, wie die Rösser ihre Äpfel, die Zeugnisse ihrer frisch erlesenen oder aufgeschnappten Bildung fallen; ich empfehle ihnen Plotin, und sehr hübsch ist auch Polybios statt Hippokrates, man kann das nicht so genau kontrollieren. Von Nietzsche jene Pose der Einsamkeit, die bei den Nachahmern nicht weniger kokett ist als der Ausdruck jener Einsamkeit beim Meister; ‹man› lese das heute nach, und man wird erstaunt sein, wie blank poliert die Schmerzen aus Sils-Maria sind. Von Nietzsche jene lateinische Verwendung des Superlativs, wo statt der größte: sehr groß gemeint ist. So entstehen diese fatalen Urteile: «das beste Buch des achtzehnten Jahrhunderts», und um das zu mildern, wird der falsche Superlativ mit einem ‹vielleicht› abgeschwächt. Das lesen wir heute in allen Kritiken. Sie haben an Nietzsche nicht gelernt, gut deutsch zu schreiben. Er war ein wunderbarer Bergsteiger; nur hatte er einen leicht lächerlichen, bunt angestrichenen Bergstock. Sie bleiben in der Ebene. Aber den Bergstock haben sie übernommen.

Aus der Hegelecke naht sich ein Kegelkönig: Spengler. Von diesem Typus sagt Theodor Haecker: «Das Geheimnis des Erfolges besteht genau wie bei Hegel darin, daß jeder, der keck genug ist, auch mittun kann.» Und das tun sie ja denn auch. Sie stoßen einen Kulturjodler aus, und die Jagd geht auf.

Der Italiener sieht sich gern malerisch: er stellt sich vorteilhaft in den Ort. Der deutsche Essayist sieht sich gern historisch: er stellt sich vorteilhaft in die Zeit. So etwas von Geschichtsbetrachtung war überhaupt noch nicht da. Nur darf man das Zeug nicht nach zwei Jahren ansehn, dann stimmt nichts mehr. Sie schreiben gewissermaßen immer eine Mittagszeitung des Jahres, mit mächtigen Schlagzeilen, und zu Silvester ist alles aus. «Wenn einst die Geschichte dieser Bewegung geschrieben wird...» Keine Sorge, sie wird nicht. Sie eskomptieren die Zukunft. Und die Vergangenheit wiederum ist ihnen nur das Spielfeld ihrer kleinen Eitelkeiten, wo sie den großen Männern Modeetiketten aufpappen: Grüß di Gott, Cäsar! Wos is mit die Gallier? Auf der Kehrseite dieser falschen Vertraulichkeit steht dann das Podest, auf das die alten Herren hinaufgeschraubt werden; und wenn sich einer mit Wallenstein befaßt, dann glaubt er, der Geist des in den Geschichtsbüchern so Fettgedruckten sei ihm ins eigne Gehirn geronnen. Welcher Geschichtsschwindel!

Nur wenige Menschen vermögen das, was sie erleben, geschichtlich richtig zu sehn, und ganz und gar kanns keiner. Diese Essayisten tun so, als könnten sies. Wir sehn an alten Kirchen hier und da kleine Dukatenmännchen, die machen Dukaten. So machen sie Geschichte.

Kein Wunder, daß dann der Stil, den sie schreiben, so gräßlich aussieht; auf zwei linken Barockbeinen kommt er einhergewankt. ‹Das Wollen› gehört hierher. Die geschwollenen Adjektive, denen man kalte Umschläge machen sollte. Die dämliche Begriffsbestimmung, die für jeden Hampelmann eine eigne Welt aufbauen möchte. «Er kommt her von...» – «Für ihn ist...» – Der Mißbrauch der Vokabeln: ‹magisch›, ‹dynamisch›, ‹dialektisch›. Diese faden Klischees, die fertig gestanzt aus den Maschinen fallen: «das Wissen um...» – «wir wissen heute»; der «Gestaltwandel» und dann: der «Raum».

Ohne ‹Raum› macht ihnen das ganze Leben keinen Spaß. Raum ist alles, und alles ist Raum, und es ist ganz großartig. «Rein menschlich gesehn, lebt die Nation nicht mehr im Raum...» Man versuche, sich das zu übersetzen; es bleibt nichts, weil es aufgepustet ist. Früher hätte etwa ein Mann, der eine Bücherei leitete, gesagt: «Männer lesen gewöhnlich andre Bücher als Frauen, und dann kommt es auch noch darauf an, welchem Stand sie angehören.» Viel steht in diesem Satz nicht drin; ich spräche oder schriebe ihn gar nicht, weil er nichts besagt. Heute spricht, nein – der Direktor der städtischen Bücherhallen ergreift das Wort: «Dieser Gegensatz zwischen Mann und Frau ist verschieden nach dem soziologischen Ort, an dem man vergleicht.» Dieser soziologische Ort heißt Wichtigstein a. d. Phrase, aber so blitzen tausend Brillen, so rinnt es aus tausend Exposés, tönt es aus tausend Reden, und das ist ihre Arbeit: Banalitäten aufzupusten wie die Kinderballons. Stich mit der Nadel der Vernunft hinein, und es bleibt ein runzliges Häufchen schlechter Grammatik.

Und es sind nicht nur jene österreichischen Essayisten, von denen jeder so tut, als habe er grade mit Buddha gefrühstückt, dürfe uns aber nicht mitteilen, was es zu essen gegeben hat, weil das schwer geheim sei –: die Norddeutschen können es auch ganz schön. Zu sagen haben sie alle nicht viel – aber so viel zu reden!

Aus einem einzigen Buch:

«Abermals ist also der gesamte Komplex der Politik Niederschlag des Kulturgewissens und der geistigen Strömungen unserer Zeit.» – «Was Klaus Mann erlaubt ist, darf nicht Edschmid erlaubt sein, denn er hat sich nicht nur an den Vordergründen zu ergötzen, sondern um die Perspektiven zu wissen und an der Ordnung des Chaotischen beteiligt zu sein.» Da bekommt also der vordergründige Edschmid eine Admonition im Chaotischen. Und man höre den falschen Ton: «Charakteristisch waren zunächst die jungen Männer, welche mit gelassener Hand den Fernsprecher ans Ohr legten und ihrem Bankbevollmächtigten Weisung für Ankauf oder Abstoß von Papieren gaben. Begabte, freundliche, quicke junge Burschen, man soll gegen sie nichts Schlechtes sagen.» – «Junge Burschen…» das hat der alte Herr Pose selber geschrieben, und diese fett aus dem Wagen winkende Hand ist ein Wahrzeichen vieler Schriftsteller solcher Art. Manchmal winken sie, wenn sie grade in London sitzen, zu Deutschland, manchmal zu den Jungen hinüber, manchmal spielen sie neue Zeit… auf alle Fälle wedeln sie immer mit irgend etwas gegen irgend wen. Aber: «Wie Blüher die Geschichte des Wandervogels, wie er seine eigne schreibt, das alles ist unverfälscht deutsch: gefurchte Stirn, bedeutende Geste, Ernstnehmen des geringsten Umstandes bis zum Bekennen biographischer Intimitäten, stets bestrebt, sogar Belangloses auf letzte Gründe zu untersuchen und sein Ich ohne Rest zu objektivieren.» Na also! Und dieser Satz schöner Selbsterkenntnis stammt aus demselben Buch, dem alle diese Proben entnommen sind: aus Frank Thießens ‹Erziehung zur Freiheit›. Ein Mann mit zu viel Verstand, um dumm zu sein, mit zu wenig, um nicht schrecklich eitel zu sein; mit zu viel, um jemals Wolken zu einem Gewitter verdichten zu können, er ist kein Dichter; mit zu wenig Verstand, um einen guten Essayisten abzugeben. Doch welche Suada! welch gefurchte Stirn, bedeutende Geste... siehe oben.

Ich habe eine Sammlung von dem Zeug angelegt; sie wächst mir unter den Händen zu breiten Ausmaßen. «Der vollkommene Sieg der Technik reißt unsere ganze Gesinnung ins Planetarische.» – «Hier ist dämonisches Wissen um letzte Dinge der Seele mit einer harten, klaren, grausam scheidenden Darstellungskunst vereint – unendliches Mitleid mit der Kreatur kontrastiert großartig mit einer fast elementaren Unbarmherzigkeit der Gestaltung.» Wo er recht hat, hat er recht, und das hat sich Stefan Zweig wahrscheinlich auf einen Gummistempel setzen lassen, denn es paßt überall hin, weil es nirgends hinpaßt. «Nach den beschreibenden Gedichten der Jugend bemerkt man im Gedicht ‹Karyatide› das Eindringen eines stärker dynamisierenden Wortvorgangs; das Motiv schwindet, zerrinnt fast in den zeitflutenden Verben; das zeithaltige funktionsreiche Ich läßt das Motiv vibrieren und aktiviert den Dingzustand im Prozeß; nun lebt das Motiv stärker, doch nur in der Zentrierung in das Ich; die Bedingtheit der Welt durch das lyrische Ich wird gewiesen.» Dies wieder stammt von Carl Einstein, der bestimmt damit hat probieren wollen, was man alles einer Redaktion zumuten kann. Und wie die obern Zehntausend, so erst recht die untern Hunderttausend.

Man setze den mittlern Studienrat, Syndikus, Bürgermeister, Priester, Arzt oder Buchhändler auf das Wägelchen dieser Essay-Sprache, ein kleiner Stoß – und das Gefährt surrt ab, und sie steuern es alle, alle. «Der heutige Mensch, so er wirken will, muß innerlich verhaftet sein, sei es in seinem Ethos, in seiner Weltanschauung oder in seinem Glauben, aber er darf sich nicht isolieren durch Verharren in seinem Gedankengebäude, sondern muß kraft seines Geistes seine Grundhaltung stets neu verlebendigen und prüfen.» Wenn ich nicht irre, nennt man das jugendbewegt.

Verwickelte Dinge kann man nicht simpel ausdrücken; aber

man kann sie einfach ausdrücken. Dazu muß man sie freilich zu Ende gedacht haben, und man muß schreiben, ohne dabei in den Spiegel zu sehn. Gewiß ließen sich Sätze aus einem philosophischen Werk herauslösen, die für den Ungebildeten kaum einen Sinn geben werden, und das ist kein Einwand gegen diese Sätze. Wenn aber ein ganzes Volk mittelmäßiger Schreiber, von denen sich jeder durch einen geschwollenen Titel eine Bedeutung gibt, die seinem Sums niemals zukommt, etwas Ähnliches produziert wie ein Denkmal Platos aus Hefe, bei dreißig Grad Wärme im Schatten, dann darf denn doch wohl dieser lächerliche Essay-Stil eine Modedummheit genannt werden. Unsre besten Leute sind diesem Teufel verfallen, und der große Rest kann überhaupt nicht mehr anders schreiben und sprechen als: «Es wird für jeden von uns interessant sein, die Stellungnahme des Katholizismus zu den einzelnen Lebensproblemen und den aktuellen Zeitfragen kennen zu lernen und zu sehen, welche Spannungseinheiten hier zwischen traditionsgebundener Wirtschaftsauffassung und der durch die Notwendigkeiten der Zeit geforderten Weiterentwicklung bestehen.» So versauen sie durch ihr blechernes Geklapper eine so schöne und klare Sprache wie es die deutsche ist. Sie kann schön sein und klar. Die abgegriffenen Phrasen einer in allen Wissenschaftsfächern herumtaumelnden Halbbildung haben sie wolkig gemacht. Die deutsche Sprache, hat Börne einmal gesagt, zahlt in Kupfer oder in Gold. Er hat das Papier vergessen.

Der deutsche Essay-Stil zeigt eine konfektionierte humanistische und soziologische Bildung auf, die welk ist und matt wie ihre Träger. Und das schreibt in derselben Sprache, in der Hebel geschrieben hat! Man sollte jedesmal, wenn sich so ein wirres und mißtönendes Geschwätz erhebt, von Bäumer bis zu Thieß, von Flake bis zu Keyserling, die falschen Würdenträger auslachen.

Versuche, einen Roman zu schreiben. Du vermagst es nicht? Dann versuch es mit einem Theaterstück. Du kannst es nicht? Dann mach eine Aufstellung der Börsebaissen in New York. Versuch, versuch alles. Und wenn es gar nichts geworden ist, dann sag, es sei ein Essay.

Ignaz Wrobel (1931)

Der musikalische Infinitiv

Unter den Dingen, die S. J. aus allen Aufsätzen herausstrich, wenn er sie «ins Deutsche übersetzte», war eines, das er inbrünstig haßte, und das er vernichtete, wo immer er es antraf. Das war der substantivierte Infinitiv. ‹Das Musizieren› pflegte er immer in Sätze aufzulösen oder durch ein Substantiv zu ersetzen – und er hatte recht.

Es gibt nun eine Gattung von Menschen... also, Menschen ist übertrieben, die schwimmen und plätschern in substantivierten Infinitiven. Das sind die gebildeten Kunstschriftsteller, und zwar tun sie es allemal gern dann, wenn sie auf die Musik zu sprechen kommen. Da wimmelt es nur so von diesen falschen Hauptwörtern. «Es ist ein Blühen und Glühen in dieser Musik...», und wenn der einfache Infinitiv nicht langt, dann backen sie sich einen: «Dieses Von-vorn-herein-alles-noch-einmal-denken» – ei, das ist schön! Von dem ‹Wollen› wollen wir schon gar nicht sprechen; es sind die nationalen Politiker, die dieses dicke Wort dauernd anwenden, als gebe es nicht ‹Wille›, nicht ‹Absicht›, nicht ‹Trieb› – es gibt nur noch ‹das Wollen›. Das klingt dann so: «Er darf nicht durch Verharren im Geworden-Sein das Sichentwickeln des Volkswerdens in falschem Wollen zu einem Steckenbleiben verführen wollen.» Wohl bekomms.

Auch die Tanzkritiker stelzen gern auf diesen Infinitiven einher, aber diese Menagerie hat ja von jeher eine besondere Sprache zur Rechtfertigung ihres So-Seins und Do-Seins gebraucht.

Mich dünkt, als sei es schon einmal besser mit der deutschen Sprache gewesen als heute, wo jeder Hitlerknabe das Wort deutsch im Maul führt. Zur Zeit lesen wir: nachgemachtes Beamtendeutsch; nachgemachtes gehobenes Deutsch, so, wie früher die Oberlehrer, wenn sie von den alten Germanen sprachen, einen Baß gehen ließen; nachgemachtes Philosophendeutsch solcher falscher Philosophen, die da im Gehirn Sülze haben, und der substantivierte Infinitiv ist eines der schlimmsten Kennzeichen dieser vertrackten Stile. Man kann ihn manchmal anwenden: nämlich dann, wenn eine Tätigkeit zu einem abstrakten Begriff werden soll. Eine Untersuchung über das Schreiben im sechsten Lebensjahr, das gibt es; das Wollen einer Partei aber gibt es nicht. Im übrigen sollte man sich bei alledem nicht auf Vater Hegel und Onkel Schelling beziehen, deren Deutsch keinem zur Nachahmung dienen kann. Ich sehe, wie ein Schüler den Finger hochhebt... Nein, er will nicht hinaus, im Gegenteil. Er will uns klar machen, daß grade diese zum Hauptwort erhobenen Verbalformen wie keine andre Form es ermöglichten, uns durch ein Sich-mitten-Hinein-Stellen in die dynamische Statik des Die-Begriffe-in-ein-Wort-Verwandelns... Herr Schüler, ich möchte mal rausgehn.

Peter Panter (1931)

Maienklang und die soziologische Situation

Der gebildete Mittelstand des neunzehnten Jahrhunderts sonderte, wenn entsprechend gereizt, lyrische Gedichte ab sowie auch Dramen – keine Biedermeier-Schublade ohne solches. Das hat man denn zum Schluß gar nicht mehr ernst genommen; die immer gleiche Wiederholung dieser Produktion machte sie lächerlich. Nicht Lyrik und Drama wurden lächerlich, sondern die kleinen Leute, die sich dieser Formen bedienten, um ihre Sechsergefühle auszudrücken. Sie fühlten sich durch die Klassiker angekratzt, nun rann ihre Bildungsdrüse aus, leer klapperten die Jamben, es stelzten die Trochäen, und was Hebbel konnte, das vermeinte Herr Schuldirektor Gottschalk vom Realgymnasium in Pasewalk noch alle Tage zu können. Die Sekundaner dichteten beinah so schön wie Heine. Und wenn einer sagt: «Oberlehrerdrama» oder «Pubertätslyrik», dann wissen wir Bescheid, die Sache ist richtig einrangiert und damit erledigt. Irgend ein Wert kommt diesem Zeug in den allerseltensten Fällen zu. Kitsch ist das Echo der Kunst.

Das hat sich geändert.

Der gebildete, sanft abgerutschte Mittelstand sondert keine Dramen mehr ab, nur noch wenig Gedichte – er produziert in unendlichen Massen gebildeten Schmus. Man kann das nicht anders nennen.

Die Zeitschriften sind voll davon. Der Kram häuft sich zu Büchern. Viele Leute reden sogar in diesem vertrackten Stil, und er hat ein untrügliches Kennzeichen: das sind seine überflüssigen, ja, zu diesem Zweck erst erfundenen Fachwörter. Die Kerle glauben, sie hätten eine Leistung vollbracht, wenn sie irgend eine Selbstverständlichkeit oder einen kleinen Gedanken mit dem Zusatz ‹religionspsychologisch› versehen; wenn sie ‹verkehrstechnisch› sagen oder wenn sie eine Überschrift ‹Zur soziologischen Situation des…› formen. Es ist ganz und gar sinnlos, was da geschieht.

Jeder kann sich den Spaß machen, diese aufgequollenen Sätze links von einem Strich zu setzen und rechts die Übersetzung ins Deutsche hinzuzufügen; er wird eine verblüffende Entdeckung machen. Nämlich die: die eine Hälfte dieses Geschwafels bedeutet überhaupt nichts, und die andre läßt sich sehr einfach ausdrücken. Dann bleibt allerdings nicht viel. Die aufgelösten Knäule ergeben etwa: «Man kann nicht alles durch die Glaubenssätze des Katholizismus erklären» oder: «Viele Bauernsöhne sind in den letzten Jahrzehnten in die Städte gezogen» oder: «Die jungen Leute gehn lieber ins Kino als ins Theater» oder so etwas. Aber ausgedrückt ist das geschwollen, gequollen, gebläht und aufgeblasen, daß einem himmelangst wird. Arm –? Arm heißt das nicht. «Die ökonomische Existenznot der Bourgeoisie», so heißt das. Und worum geht es –? «Es geht um das Wissen um…»

Lacht doch das Zeug aus –!

Glaubt ihnen das doch nicht. Es ist ja nicht wahr, daß man das nicht alles genau so gut, ja, viel besser, klar und einfach ausdrücken kann. Ich spreche nicht von Facharbeitern; will sich einer mit den Nachfolgern Kants auseinandersetzen, dann muß er die überkommenen Fachausdrücke anwenden. Die eitle Dummheit aber, über jedem Gebiet des Lebens eine Wissenchaft zu errichten, und die dumme Eitelkeit, so zu tun, als sei man in allen diesen falschen Wissenschaften zuhause, das ist grauslich. Es besteht auch nicht der leiseste Grund, jede Untersuchung mit schmatzenden Fachausdrücken aller nur möglichen Gebiete zu beladen. Hier wird wiedergekäut, was Zeitungen, Zeitschriften und Vorträge in das widerstandslose Gehirn hineingestopft haben; wieder scheidet die Bildungsdrüse etwas aus, und wieder taugt es nichts. Sehr gern getragen wird der marxistische Slang. «Ein Experiment organisieren» schreibt Bruder Brecht, aber das ist nichts als schlechtes Deutsch. Man kann etwas organisieren, zum Beispiel den Versand von Kali nach Amerika, und man kann ein Experiment machen – aber ein Experiment organisieren: das kann man nicht. Dergleichen ist hingesudelt. Gemeint ist: versuchen.

Jede Betätigung auf dieser Kugel hat sich eine Wissenschaft als Dach gebaut, darunter ist gut munkeln. Und die Pfaffen aller dieser Wissenschäftchen sind munter am Werke, die deutsche Sprache zu einem Monstrum zu machen; dies Deutsch mit seinen vielen Fremdwörtern klingt, wie wenn einer die Stiefel aus dem Morast zieht: quatsch, quatsch, platsch, quatsch...

Lüge. Lüge und Wichtigtuerei. Dieser unerträgliche Stil mit den Fachadverbien, mit dem pseudowissenschaftlichen Geklön, das jeder halbwegs gebildete Primaner beherrscht –: das ist gar nichts. Zwischen:

> Wonnige Stunden im Lenze!
> Sonniger, duftiger Mai!
> Tage der blühenden Kränze,
> Seid ihr für ewig vorbei?

und:

«Die Seinsverbundenheit des Wissens hält einer Analyse im anthropologischen Sinne schon deshalb nicht stand, weil die Frage Utopie oder Ideologie in der gedanklichen und gesellschaftlichen Auflösung...»

zwischen diesen beiden Äußerungen ist kein Unterschied. Leer und sinnlos sind beide, Äffereien von Formen, die bei andern einmal einen Sinn gehabt haben: die Bildung hat in die Menschenschlucht gerufen, und nun hallen die Wände wider. Diese gesamte Schmus-Literatur hat genau den gleichen Wert wie das Oberlehrerdrama und die Maienklang-Lyrik: nämlich gar keinen. Anno fünfundachtzig kamen Drama und Lyrik auf die Oberlehrer herunter; jetzt sind Geschichte und Philosophie auf die Klugredner heruntergekommen.

Wir auf der Redaktion lesen solche Aufsätze schon lange nicht mehr. Ich kann euch nur das gleiche empfehlen.

Peter Panter (1932)

Kennzeichen eines zweitrangigen Schriftstellers: «...entgegnete er sachlich.» Das Wort bedeutet überhaupt nichts mehr, man kann es fortlassen, ohne daß sich der Sinn ändert, und es zeigt nichts an als die Unfähigkeit eines Gehirns, sich gegen das Gewäsch der Modewörter zur Wehr zu setzen.

Peter Panter (1932)

Da erzählen sich die Leute immer so viel von Organisation (sprich vor lauter Eile: «Orrnisation»). Ich finde das gar nicht so wunderherrlich mit der Orrnisation.

Mir erscheint vielmehr für dieses Gemache bezeichnend, daß die meisten Menschen stets zweierlei Dinge zu gleicher Zeit tun. Wenn einer mit einem spricht, unterschreibt er dabei Briefe. Wenn er Briefe unterschreibt, telefoniert er. Während er telefoniert, dirigiert er mit dem linken Fuß einen Sprit-Konzern (anders sind diese Direktiven auch nicht zu erklären). Jeder hat vierundfünfzig Ämter. «Sie glauben nicht, was ich alles zu tun habe!» – Ich glaubs auch nicht. Weil das, was sie da formell verrichten, kein Mensch wirklich tun kann. Es ist alles Fassade und dummes Zeug und eine Art Lebensspiel, so wie Kinder Kaufmannsladen spielen. Sie baden in den Formen der Technik, es macht ihnen einen Heidenspaß, das alles zu sagen; zu bedeuten hat es wenig. Sie lassen das Wort ‹betriebstechnisch› auf der Zunge zergehn, wie ihre Großeltern das Wort ‹Nachtigall›. Die paar vernünftigen Leute, die in Ruhe eine Sache nach der andern erledigen, immer nur eine zu gleicher Zeit, haben viel Erfolg. Wie ich gelesen habe, wird das vor allem in Amerika so gemacht. Bei uns haben sie einen neuen Typus erfunden: den zappelnden Nichtstuer.

Peter Panter (1932)

Wenn sehr kultivierte, sehr feine, sehr gebildete Schriftsteller grimmig für die Kirche fechten, dann wirkt das, wie wenn reiche Leute ihre Briefe mit einem alten Matrosenmesser aufschneiden. Sie könnten sich natürlich einen guten Brieföffner kaufen... aber um sie herum ist alles so fein, so reich, so vollkommen und so vernickelt: da macht sich das alte verrostete Messer hübsch pittoresk. Mit dem Matrosen hat das gar nichts zu tun. Sie würden sich schön bedanken, es so zu gebrauchen wie er, nämlich im Ernst. Sie gebrauchen es in Anführungszeichen.

Peter Panter (1931)

Du bekommst einen Brief, der dich maßlos erbittert? Beantworte ihn sofort. In der ersten Wut. Und das laß drei Tage liegen. Und dann schreib deine Antwort noch mal.

Peter Panter (1932)

Ratschlag für Ehrgeizige. Willst du ‹richtig liegen›? Dies, mein Sohn, ist die Konjunktur des Tages: pazifistische Terminologie, nationalsozialistischer Inhalt, vorgetragen im Ton eines lyrischen Universitätsprofessors, der noch nicht genau weiß, ob er Soziologie oder Philosophie lesen soll. Dergleichen schließt alle Möglichkeiten in sich, verpflichtet zu gar nichts, und du hast es gleich gesagt. Ans Vaterland, ans teure, schließ dich an. Nicht zu eng – aber schließ dich an.

Peter Panter (1931)

Es gibt Zeiten, wo es für den Schriftsteller, der da wirken will, nicht gut ist zu schreiben. Wo das Geklapper der Schreibmaschine nicht so wichtig ist wie das Tick-Tack des Maschinengewehrs. Doch tackt dieses nur nach, was jene ihm vorgeschrieben hat.

Peter Panter (1931)

Eine Treppe

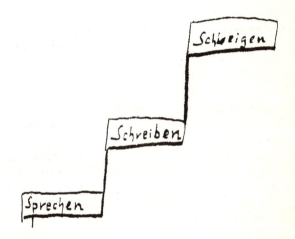

Schnipsel

Pro domo. Manchmal finde ich Aufsätze von mir in Zeitungen wieder, Nachdrucke, Auszüge aus meinen Büchern – mitunter versehen mit kleinen kritischen Zusätzen: ich sei ein destruktives Element. Das kann jeder sagen. Doch wenn ich dann das Abgedruckte näher prüfe, dann muß ich oft entdecken, daß ganze Sätze fehlen: den Schlangen sind die Giftzähne herausgebrochen. Nun ist es mir gewiß gleich, wie diese verängstigten Verlagsangestellten ihre Leserschaft einschätzen – weitaus tiefer als es nötig wäre; man glaubt es nicht, was da alles nicht ‹tragbar› ist. Mir solls recht sein. Aber eine Bitte habe ich an die verehrte Kollegenschaft:

Druckt meine Aufsätze nicht, wenn eure Abonnenten und Inserenten zu fein dafür sind. Laßt mich unzensiert. Ich möchte nicht mit einer Ausgabe für Kinder und Militär herauskommen, bar aller Schärfe, ohne jene Salzkörner, um derentwillen die Speise serviert worden ist. Euern Leuten bekommt das nicht? Dann laßt das ganze Gericht fort. Es ist keine Ehre, bei euch zu erscheinen, und ein Geschäft schon gar nicht. Um wieviel habt ihr die Mitarbeiterhonorare gesenkt? Um ein Drittel, um die Hälfte. Um wieviel euer Abonnement? Um wieviel eure Anzeigenpreise?

Ich mag nicht in jedem einzelnen Fall in Berichtigungen kund und zu wissen tun, daß ihr meine Arbeit verfälscht habt, so wichtig ist das nicht. Aber seid nett: laßt mich zufrieden. Ich kann doch nichts dafür, daß eure Druckereibesitzer solche Angst vor ihrer Kundschaft haben, und mich interessiert es auch nicht. Ich bin gewohnt, zu Lesern zu sprechen, die ein offnes Wort vertragen. Vertragen es eure nicht? Dann setzt ihnen weiterhin reizende kleine Feuilletons vor, bunte Bilder aus der Kinderstube, Modeplaudereien und sanfte Schilderungen vom Wintersport im Harz. Aber druckt mich nicht, wenn ihr meine Arbeiten nicht so abdrucken könnt, wie ich sie geschrieben habe.

Peter Panter (1932)

Editorische Notiz

Die Anmerkungen sind gelegentlich mit kürzeren Texten oder Stellen wichtiger Briefe Tucholskys angereichert, sofern ein tieferes Textverständnis seiner Sprachglossen oder Sprachschnipsel zu erwarten sind.

Fremdsprachige Zitate und weniger gängige Fremdwörter sind ohne Anspruch auf Vollständigkeit übersetzt.

Die im Namenregister gegebenen, auf Tucholskys Arbeiten abgestimmten Erklärungen können nicht erschöpfend sein; sie sollen die Anmerkungen ergänzen und dem heutigen Leser entscheidende Hintergründe erhellen.

Die Texte dieser Sammlung wurden – bis auf «Die beiden Titel» und «Deutsch» – der im Rowohlt Verlag erschienenen Werkausgabe (1975) entnommen und dem Ergänzungsband (1985); in beiden sind Hinweise auf die erste Veröffentlichung und auf ihr Datum enthalten.

Für die Briefe Tucholskys waren folgende Quellen hilfreich:

Kurt Tucholsky: Ausgewählte Briefe 1913–1935.
Herausgegeben von Mary Gerold-Tucholsky und Fritz J. Raddatz.
Reinbek: Rowohlt 1962.

Kurt Tucholsky: Briefe an eine Katholikin 1929–1931.
Vorwort: Marierose Fuchs.
Reinbek: Rowohlt 1970.

Kurt Tucholsky: Briefe – Auswahl 1913–1935.
Herausgegeben von Roland Links.
Berlin (Ost): Volk und Welt 1983.

Anmerkungen

S. 13 *Großfeuer*
K. T. zitiert frühestens aus der 4. Aufl. der Wustmannschen Grammatik *Allerhand Sprachdummheiten*, die 1908 erschien. Die 7. Aufl. (1917 von Rudolf Blümel bearbeitet) war entschärft – «Derartige Zusammensetzungen gibt es zum Teil schon seit sehr alter Zeit, an denen niemand Anstoß nimmt. Gewiß gibt es die, sogar in großer Fülle. (...) Jedes dieser Wörter hat eine andere Bedeutung als die alte Verbindung von Substantiv und Adjektiv: die Zusammensetzung ist z. B. enger, inhaltreicher an Bedeutung. (...)» Insbesondere stellte Wustmanns Nachfolger fest: «Das Großfeuer verlangt ganz andere Maßregeln von der Feuerwehr als eine andere Feuersbrunst.» (S. 142f)

S. 14 *Belange*
Wustmann sprach u. a. von «Interesse» – Tucholsky meinte aber ausdrücklich «Interessen».
belanglos und *belangreich* («zwei herrliche Wörter») zählte Wustmann zu den Modewörtern und bemerkte spöttisch, daß niemand sagen könne, «ob es der oder das Belang heißt». T. ging also über diese Kritik hinaus, indem er von «Belange» sprach, das unter der NS-Herrschaft weiter grassierte.
«Dr. Kurt Tucholski», so schrieb der *Deutsche Reichsanzeiger und Preußische Staatsanzeiger*, und andere wurden am 23. 8. 1933 ausgebürgert, «weil sie durch ein Verhalten, das gegen die Pflicht zur Treue gegen Reich und Volk verstößt, die deutschen Belange (!) geschädigt haben.»

S. 14 *Deutscher Sprachverein*
Der *Allgemeine Deutsche Sprachverein* wurde 1885 gegründet, erst 1923 hieß er – T. griff vor – *Deutscher Sprachverein*.
Er gab neben der Zeitschrift *Muttersprache*, die von der *Gesellschaft für deutsche Sprache* (Wiesbaden) ohne puristische Schlagseite seit 1947 weitergeführt wird, sogenannte «Verdeutschungsbücher» heraus. T. benutzte *Unsere Umgangssprache* (²1915); vorsichtig heißt es dort: «Interessen *auch* Belange».
Um der «Fremdtümelei», «Engländerei» und «Französelei» Einhalt zu gebieten, rief der Vorsitzende Wirkl. Geh. Oberbaurat Dr. Otto Sarrazin (1842–1921) im August 1914 aus: «Gedenke, daß du ein Deutscher bist!» (vgl. T.s Glossen «Die beiden Titel» [hier S. 45–47], «Du!» [hier S. 47f] und «Die hochtrabenden Fremdwörter» [hier S. 113–117] sowie «Deutsch» [hier S. 16f]).

S. 22 ... *Erklärung Knut Hamsuns*
K. T. verehrte den norwegischen Dichter – Am 1. Januar 1928 las man in der *Vossischen Zeitung* folgende «Erklärung»:

KURT TUCHOLSKY
Peter Panter · Theobald Tiger · Ignaz Wrobel
Kaspar Hauser

haßt:	*liebt:*
das Militär	Knut Hamsun
die Vereinsmeierei	jeden tapferen Friedens-
Rosenkohl	soldaten
den Mann, der immer in der Bahn die Zeitung mitliest	schön gespitzte Bleistifte
	Kampf
Lärm und Geräusch	die Haarfarbe der Frau, die er
«Deutschland»	gerade liebt
	Deutschland

Doch als Hamsun mit den Ideen des Nationalsozialismus sympathisierte, sprach T. in seinem Brief an Walter Hasenclever (1890–1940) von der «schwersten und schmerzlichsten Enttäuschung der letzten Jahre» – Verbittert schrieb T. (am 7. 10. 1934): «Und ich für meinen kleinen Teil, dessen Reichweite ich sehr genau kenne, sie ist nämlich heute null, ich für meinen Teil also lehne jeden, aber auch jeden ohne Ausnahme radikal ab, der das bejaht, der dort mitmacht, ja, schon den, der dort leben kann (...).»

S. 23 ... *ein Spiel mit halbem Wissen...*
In seinem Brief vom 21. 11. 1925 an Eduard Plietzsch (1886–1961) fragte T. in einer Nebenbemerkung: «(Finden Sie die Freud-Terminologie onanierender wiener Judenjünglinge auch so albern?)»

S. 25 ... *Nietzsche gelesen und falsch gelesen...*
– Und die Folge? «Einige Analphabeten der Nazis, die wohl deshalb unter die hitlerschen Schriftgelehrten aufgenommen worden sind, weil sie einmal einem politischen Gegner mit dem Telefonbuch auf den Kopf gehauen haben, nehmen Nietzsche heute als den ihren in Anspruch (...)» (vgl. Ges. Werke Bd. X, S. 14 und Anm. zu S. 142).

Daß T. von der schriftstellerischen Qualität «der armen Luder» nichts hielt, sagte er deutlicher, als er einen «zweiten Nazi-Diebstahl festnagelte»:

«Daß die Nazis keine Schriftsteller besitzen, die fähig sind, deutsch zu schreiben, weiß man aus den Leistungen ihrer Führer. Daß dieses Gesocks aber systematisch klaut, um den Lesern ihrer Papiere vorzuführen, was herzustellen sie selber nicht fähig sind… (…).» (Ges. Werke Bd. X, S. 60)

T. wurde sogar vom ‹Cabaret› bestohlen (→ Anm. 2 zu S. 129) – Über die Brecht-Plagiate war T. ebenfalls erbost (→ Anm. zu S. 71).

S. 28 *…hat den snobistischen Superlativ erfunden…*
Eine ausführliche Kritik ist in «Die Essayisten» [hier S. 139–146] enthalten.

S. 29 *…dieser unsägliche Hohlkopf…*
Engel bekämpfte, wie übrigens → Wustmann, Fremdwörter – «wo er sie traf».

In *Gutes Deutsch – Ein Führer durch Falsch und Richtig* (1918 u. ö.) schrieb Engel: «Man scheue sich nicht vor dem lächerlichen Vorwurf, ein ‹Purist› zu sein, denn er bedeutet in Wahrheit nur: Dieser Deutsche schreibt Deutsch»; und er nannte Wustmann «einen berufsmäßigen Nörgler» und «Sprachmeisterer», der «keifend dazwischenfährt» (um nur zwei Beispiele zu nennen). Wem das Urteil T.s über Engel unverständlich oder ungerechtfertigt scheint, dem sei das Nachwort – auszugsweise – vor Augen gehalten, das Engel seiner *Deutschen Stilkunst* mitgegeben hat:

1919 – «Wären wir Deutsche unsrer Sprache unerschütterlich sicher, – kein noch so haßerfüllter Feind hätte Macht über uns; kein uns geraubter Volksteil könnte uns dauernd verloren gehen.»

1921 – «Ein Deutschland hoch in Ehren wird nur wiedererstehen, wann (so!) im Vaterlande Luthers, Lessings, Goethes, Schillers die Sprache eines freien und hochgemuten Herrenvolkes geredet und geschrieben wird.»

S. 29 *…den feinen Sprachkenner…*
Gustav Wustmann wurde von T. stets gelobt: «Wustmann», schrieb T. an die Journalistin Marierose Fuchs am 17. 12. 1929 abschließend, «ist eine sehr gute deutsche Grammatik» – Knapp ein Jahr später riet er: «Ja nicht Eduard Engel – ja keinen Puristen» (21. 11. 1930). Und Engel wurde, seit 1928 ließ T. keine Gelegenheit aus, beschimpft: «Daß Hölderlin oder Goethe den Deutschen durch Herrn Eduard Engel vermittelt wird, ist bitter. Goethe hat es vorausgewußt» (Ges. Werke Bd. VI, S. 336) – «Auf dem Nachttisch: Bücher – eine kippelnde Säule; auf dem

Bett: Bücher; auf dem Rasiertisch: Bücher; hätte ich ein Töpfchen, so läge Eduard Engel darin – aber ich bin ein feiner Mann und habe kein Töpfchen und keinen Engel», leitete T. (1929), vermutlich auf die *Geschichte der deutschen Literatur* von Engel anspielend, eine seiner Literaturkritiken ein (Ges. Werke Bd. VII, S. 43) – In einer anderen Literaturkritik nannte er den Verfasser der Literaturgeschichte E. «hausbacken und dummdreist» (Ges. Werke Bd. IX, S. 139).

S. 29 ...*der Schöpfer der arabischen Zahlen auf den Eisenbahnwaggons*...
T. spielte darauf an, daß E. E. (1890) einen Verein zur Förderung der Eisenbahntarif-Reform gegründet hatte; Engels Veröffentlichung *Eisenbahnreform* (1888) erschien 1891 u. d. T. *Der Zonentarif.*

S. 34 ...*der ‹GROSZE› Duden*...
Der DUDEN folgte auf dem Buchrücken nur für den ersten Neu(!)-druck der 10. Auflage von 1929 seiner eigenen Regel, nach der für «ß» – nur in GROSZER SCHRIFT – «SZ» angewandt werden durfte. Seit ¹⁴1954 ist diese Regel nur gültig, wenn Mißverständnisse vermieden werden.

S. 34 ...*und also der Sprache nicht nachbelfern*...
Der «völkische Purist» Engel hat in seinen Veröffentlichungen stets jegliche Selbstkontrolle verloren, sobald er gegen die «Welscher» zu Felde zog.
   Der Vorwurf T.s trifft → Wustmann ebensowohl; schließlich pflegte jener Entwicklungstendenzen des Deutschen mit den Prädikaten «Modenarrheit», «Gestammel» oder «Negersprache» zu belegen und machte «Narren» für neue Wendungen verantwortlich, nachdem ihm nicht zuletzt Engel nachweisen konnte, daß eben nicht das «Judendeutsch» schuld sei an einem «großen Teil unseres heutigen Sprachunrats».

S. 36 ...*Radauknecht bei H.*...
Die «Mitläufer des Herrn Hitler» waren für K. T. «herumsaufende Luden, feige bis dorthinaus, armselige und schmierige Analphabeten» – und «Radaupatrioten». In einem Brief an Carl von Ossietzky (1889–1938) schrieb T., daß er Hitler nicht parodieren könne, «weil da nämlich keine Substanz ist» (etwa 25.3.1932); nur zwei Monate später war sein «Schulaufsatz» zum Thema «Hitler und Goethe» fertig (vgl. Ges. Werke Bd. X, S. 78–80), in dem er den Ton eines Diktates, «Jesus und Hitler», traf, das in München 1934 einer dritten Volksschulklasse

gegeben wurde (vgl. Hofer, *Der Nationalsozialismus – Dokumente 1933–1945*. Frankfurt 1957 u. ö.).

S. 36 ... *alle, alle* ...
Vielleicht galt dieser Nadelstich Karl Kraus (1874–1936), der 1921 einen «berühmten Sprachfehler» analysiert hatte, der durch seinen häufigen Gebrauch «noch berühmter» geworden sei; die Glosse erschien am 15.3.1932. K. T. hatte sich in dieser Zeit mit Kraus gedanklich sehr stark beschäftigt, denn er schrieb am 12.3. desselben Jahres an Carl v. Ossietzky (1889–1938): «Ich bitte also formell und feierlich, jedes Lob auf Kraus rücksichtslos zu streichen, und zwar durchaus mit Berufung auf seine Haltung gegen uns (...)», also gegen → Siegfried Jacobsohn (Anm. zu S. 147) und die *Weltbühne*.

T. ging mit dem Modewort «berühmt» tatsächlich höchst sparsam um: eine Ausnahme ist die Würdigung Chaplins (Ges. Werke Bd. III, S. 230–233), die er 1922 mit seinem Namen zeichnete.

S. 37 ... *oder um sonst eine Lokalgröße* ...
1931 fragte T., «ob sich diese deutschen Radaupatrioten denn keinen Atlas kaufen können, auf dem ja immerhin zu sehen ist, wie diese Kugel heute nun einmal aussieht». Und als – in einem Flüsterwitz – ein Bäuerlein auf einem Globus die Größe Englands, Rußlands und Amerikas sah und es «Großdeutschland» endlich entdeckte, fragte es: «Hat denn der Führer auch einen Globus?»

– «Man kann jeden schreibenden Menschen bis ins Mark daran erkennen, wie er das Wort ‹ich› setzt», behauptet T. 1931 und befand, «manche sollten es lieber nicht setzen. Hitler setzt es. ‹Wenn ich in Deutschland spreche, so strömen mir die Menschen zu...›

Der Ton ist vom Kaiser entlehnt, und das Ganze hat etwas Gespenstisches: denn dieses ‹ich› ist überhaupt nicht da. Den Mann gibt es gar nicht; er ist nur der Lärm, den er verursacht.» (s. Ges. Werke Bd. IX, S. 182)

S. 37 ... *ein Jahr zurück* ...
In T.s Gedicht «Beit Friehstick» (1931) heißt es:
«(...) Nu ham die Brieda mächtjet Jlick:
et blättert ja keen Mensch zerrick!
Man schmeißt et wech. Und kooft sich brav und bieda
'n neuet Blatt un jloobt et imma wieda (...)»

S. 38 *...durch eine Notverordnung aufgehoben...*
T. spielte auf den Art. 48 der Weimarer Verfassung an, der es dem Reichspräsidenten gestattete, Grundrechte – durch Notverordnungen – außer Kraft zu setzen, wenn Sicherheit und Ordnung gestört oder gefährdet wurden.

S. 45 *Titel sind gut für die Verdauung.*
Die Glosse «Titel» (Ges. Werke Bd. II, S. 341 f) schloß T.: «Gott gab den Menschen die Verstopfung und zugleich die heilsame Tamarinde. Und er gab ihnen eine Beschäftigung und zugleich den Titel.

Es geht glatter vonstatten» (1920).

S. 46 *Wirklicher Geheimer Oberbergbaurat*
Der Titel *Wirklicher Geheimer Rat* (Anrede: «Exzellenz») wurde für sich allein, *Geheimer Rat* nur als Zusatz zu Amtsbezeichnungen oder Titeln *(Kommerzienrat)* verliehen.

Art. 109 der Reichsverfassung (1919) bestimmte:

(...) Titel dürfen nur verliehen werden, wenn sie ein Amt oder einen Beruf bezeichnen; akademische Grade sind hierdurch nicht betroffen (...).

Art. 175 lautete ergänzend:

Die Bestimmung des Artikels 109 findet keine Anwendung auf Orden und Ehrenzeichen, die für Verdienste in den Kriegsjahren 1914–1919 verliehen werden sollen.

Bei «besonderen Verdiensten um Volk und Staat» waren durch das *Gesetz über Titel, Orden und Ehrenzeichen* (v. 7. April 1933) Titelverleihungen wieder zugelassen.

Der Reichspräsident (→ Anm. zu S. 108 Hindenburg) erließ eine entsprechende Verordnung (v. 30. Jan. 1934).

S. 46 *Paragraphen*
Im Falle einer unbefugten Annahme von Titeln war gem. § 360 Nr. 8 StGB eine Geld- oder Haftstrafe vorgesehen.

S. 46 *...der alte G.*
T. meinte in der 1923 entstandenen Glosse vermutlich Hermann Grimm, da eben 1923 die 12. Aufl. der Arbeit über Goethe (1877) von H. G. erschien.

S. 47 *...ohne jeden Titel...*
In «Wie wird man Generaldirektor?» (Ges. Werke Bd. VIII, S. 161f) spielte T. (1930) auf den «Geheimbderath aus Weimar» verschnupft-ironisch an und zitierte ihn: «Orden und Titel halten manchen Puff ab im Gedränge.»

S. 48 *«Ihr»*
Gemeint ist natürlich nicht die (respektvolle) Anrede, auf die man in guten jüdischen Witzen stößt (→ Anm. S. 69) und die nach Auskunft des Rechtschreib(!)-DUDENs mundartlich gegenüber älteren Personen noch heute benutzt wird. T. verarbeitete den häufig anzutreffenden Irrtum, die Anrede «Ihr» sei angebracht für mehrere Personen, die einzeln mit «Sie» angesprochen werden –

«Nach einer berliner Straßendemonstration.
Ein Mann: ‹Die verfluchten Grünen! Ihr habt mein Kind ermordet! Ihr habt mein Kind ermordet!›
Die Grünen: ‹Der Mann muß sofort festgestellt werden! Er hat Ihr zu uns gesagt – er hat Sie zu sagen!›»
stellte T. (1929) als Motto («Wahre Geschichte») dem Artikel «Polizei und...» voran (Ges. Werke, Ergänzungsband, S. 668).

Die Gegenüberstellung – Reichspräsident und Infanteriegeneral – gibt die zwei höchst unterschiedlichen Verwendungsweisen des «Du» an, die durch Tradition und Herablassung gekennzeichnet sind.

Ein «Du» T.s bürgt für die Qualität des Aphorismus oder für die Aufrichtigkeit des Ratschlages.

S. 49 *...persönlich anwesend.*
In seinem Gedicht «Preußische Professoren» (1919) nannte T. den *Ständigen Sekretär der Berliner Akademie der Wissenschaften* einen «maulfesten Rufer» und fragte:

«(...)
Deutschland, sind das deine geistigen Spitzen?
Sie haben einen Hintern zum Sitzen,
sie haben auch einen servilen Rücken,
um sich vor jeder Macht zu bücken –
Kopf hingegen ist nicht vorhanden
(...)».
(Ges. Werke Bd. II, S. 101)

Ebenso scharf ging E. Engel (→ Anm. S. 29, 34) mit «Röthe» (!) ins Gericht (vgl. *Deutsche Sprachschöpfer*, 1919, S. 62–100), weil R. in seinem Gutachten zur Verdeutschung von Fremdwörtern u. a. «Bücherei» als «barbarische Neubildung» gegenüber «Bibliothek» abgelehnt hatte.

S. 49 ... *Chef des Stabes der Reichswehr*...
T. spielte in bissigster Ironie auf Hans von Seeckt an, weil der Chef der Heeresleitung 1920 die Bilder des Malers George Grosz (1893–1959) beschlagnahmen ließ, mit denen die Reichswehr angeblich beleidigt worden war.

T. wollte erfahren haben, daß Seeckt «häufig telefonisch» gebeten wurde, «ihn einmal sprechen zu dürfen», und unter dem Schock über den Eingriff in die künstlerische Freiheit führte T. die Situation aus: «Herr von Seeckt hat ebenso häufig keine Zeit (...)» (vgl. Ges. Werke Bd. II, S. 431). Kurz zuvor hatte T. in seinem «Brief an einen bessern Herrn» (Ges. Werke IV, S. 65–70) wuchtiger gegen Seeckt ausgeholt, doch seine Abrechnung mit dem Stabschef ohne den Herausgeber der *Weltbühne* «S. J.» gemacht – Siegfried Jacobsohn hatte T.s Pariser Arbeit nicht in ihrem vollen Wortlaut veröffentlicht, T. führte berechtigt Klage in seinem Brief vom 31.3.1925 (?): «Ich habe mich mit dem Offenen Brief so geplackt, zweimal abgeschrieben und jetzt hackst Du ihm das Herz heraus. Mörder –!» (→ dazu Anm. S. 147).

S. 56 *Das ist ein schönes, deutsches Wort (...). Das ist eine Lebensauffassung.*
Die ironisch-nachdenkliche Stimmung der Glosse, hervorgerufen durch den Ausflug ins Französische, ist in eine tiefe Verzweiflung umgeschlagen: im Juli 1934 (?) lautete die briefliche Aussage an Walter Hasenclever (1890–1940) nur noch: «‹Eigentlich› ist ein sehr deutsches Wort», eingerahmt durch den Stoßseufzer: «Schade, schade, daß sie uns in diesem lächerlichen Lande geboren haben, das ja nun hoffentlich einmal auseinanderfallen wird» und durch die bittere Erkenntnis: «Max, uns haben sie falsch geboren.»

S. 67 ... *mitstenographieren*
Eine Kostprobe ist «Das Stimmengewirr» (Ges. Werke Bd. VIII, 143 f).

S. 67 *In Indien geht was vor!*
T. spielte darauf an, daß der brit. Außenminister (1924–1929) Chamberlain von 1915 bis 1917 Staatssekretär für Indien war.

S. 69 *Hatte er nicht recht?*
Für Liebhaber des jüdischen Witzes sei die Originalverpackung vorge-

stellt, die Alexander Moszkowski (1851–1934) in der *Jüdischen Kiste* 1911 aufbewahrt hat; die Pointe lautet:

«Der Arzt brüllt ihm durchs Hörrohr ins Trommelfell: ‹Ihr habt gewiß wieder Schnaps getrunken! Warum habt Ihr das getan?›

– ‹Doktorleben, ich will Euch sagen: alles, was ich hab' gehört inzwischen, is nich so gut gewesen wie e Schnaps!›»

S. 71 *Von wem ist also dieses Stück?*
T. konnte es Brecht nicht durchgehen lassen, daß dieser es mit dem geistigen Eigentum anderer nicht so genau nahm. T., der, wie er selbst sagte, kein «Plagiatschnüffler» war, bescheinigte Brecht, daß er «ein großes lyrisches Talent» sei, drohte ihm aber gleichzeitig an, bei seinen «nächsten Versen zu fragen: ‹Von wem ist das?›» – Und holte noch einmal aus: «Du mußt es dreimal sagen! Goethe (später: Brecht)» (Ges. Werke Bd. VII, S. 69–71 und S. 133).

T. wurde zusätzlich vom ‹Cabaret› «beklaut» (→ Anm. 2 S. 129) und von der «Nationaille» bestohlen (→ Anm. S. 25).

S. 82 f *...dort sehe ich den Reichstagspräsidenten –...*
In den «Kleinen Nachrichten» (Ges. Werke Bd. IX, S. 284) meldete T.:
«Reichstagspräsident Löbe weilte über das Wochenende zu Besuch bei Bekannten, in deren Hause Feuer ausbrach. Als die Feuerwehr anrückte, stand Reichstagspräsident Löbe bereits auf einem Stuhl und hielt eine feurige Ansprache. Er wurde gelöscht.»
Der Hintergrund für diese Stichelei:
1927 bat T., nachdem er die Herausgabe der *Weltbühne* übernommen hatte, den Reichstagspräsidenten – vergeblich – um zwei Eintrittskarten für den Reichstag; der Briefwechsel und T.s wütender Kommentar sind in den Ges. Werken Bd. V, S. 162–165 abgedruckt.
T.s Enttäuschung und die Stichelei werden verständlich, wenn man sich T.s Abneigung gegen die Auswüchse der Bürokratie vor Augen hält.

S. 88 *P. hat keine gehalten?*
T. hatte 1928 mit dem Ministerpräsidenten ein einstündiges Interview geführt (Ges. Werke, Ergänzungsband, S. 613–616: «Poincaré spricht»); T.s Brief vom 5.5.1928 an den Schriftsteller Emil Ludwig (1881–1948) dokumentiert die Schwierigkeiten, die T. zu bestehen hatte, um diesen «Aktenmenschen» zu treffen, und gestattet Einblicke in T.s journalistische Arbeit während seiner Pariser Korrespondentenzeit 1924–1928.

S. 106 *Es ist aus.*
Sie kennen ja die Geschichte mit dem Diplomaten, der nie Nein, und der Dame, die nie Ja sagen darf. So ähnlich ist es.
Diese treffende Erklärung ist in der *Weltbühne* (Nr. 31, S. 187 v. 4. August 1925) enthalten, nicht aber in der DDR-Ausgabe (1956) und nicht in den Gesammelten Werken (1975) – vermutlich deshalb, weil sie in dem von T. zusammengestellten Sammelband *Mit 5 PS* (1927) ebenfalls gestrichen wurde.

S. 107 *...hat J. C. einmal gesagt.*
1925 zitierte T. den «Albumeintrag» von Jean Cocteau (für wen –?):
«Italiener und Deutsche lieben es, wenn Musik gemacht wird. Die Franzosen haben nichts dagegen.»

S. 108 *...mit eigenhändiger Unterschrift...*
Der «greise Feldmarschall» unterschrieb viele Notverordnungen –
Nachdem der über Achtzigjährige Hitlers Ernennungsurkunde sowie die *Verordnung zum Schutz von Volk und Staat* (28.2.1933) und das «Ermächtigungsgesetz» (24.3.1933) unterschrieben hatte, erzählte man sich folgenden Flüsterwitz:
«Warum darf unter dem Brandenburger Tor kein Stück Papier liegen bleiben –? Weil der alte Hindenburg alles unterschreibt!»

S. 109 *...ein einziges Wort...*
Der Ausspruch «La garde meurt et ne se rend pas» ist als geflügeltes Wort in den *Zitatenschatz des deutschen Volkes* von Büchmann aufgenommen, die folgende Büchmann-Ausgabe (1927 von Heinemann bearbeitet) bestritt ebenfalls, daß der General Cambronne (1770–1842) dieses Wort nach seiner verlorenen Schlacht 1815 gesagt hat, «weil er bekanntlich bei Waterloo erstens nicht starb und zweitens sich ergab (...)» – Inzwischen ist der Büchmann (1964) keineswegs mehr ironisch; er zitiert einen Aufsatz von Müller-Jabusch («Götzens grober Gruß», 1941): «In Wahrheit hat Cambronne dreimal nachdrücklich ‹Merde› gesagt.»

S. 117 *...aber schwere Sprache.*
Dennoch flüchtete T. ins Englische:
«Der Zustand der gesamten menschlichen Moral läßt sich in zwei Sätzen zusammenfassen:
We ought to. But we don't.» (s. Ges. Werke Bd. IX, S. 181)

S. 120 *Ich möchte einmal...*
T.s Wunsch war durchaus ernst gemeint:

An Marierose Fuchs schrieb er: «Wäre ich Redakteur, so erlaubte ich nicht, daß eine bei mir ‹Menschlicher Ausklang› schreibt. ‹Menschlich› ist ein Modewort und heißt alles und nichts», aber er setzte hinzu, «nun – ich bin nicht Ihr Schulmeister» (28.7.1930).

Am 21.11.1930 schrieb er ihr jedoch (in einer Nebenbemerkung): «(Vermeiden Sie die merkwürdige Anwendung des Wortes ‹fein› – die man häufig nahe der Jugendbewegung trifft. Es ist gewiß nicht falsch, aber durch diese flanellnen Kreise ein Jargon-Wort geworden.)»

S. 120 *...als solcher*
1931 prophezeite T. in seinem Gedicht «Goethe-Jahr 1932»:

«(...)
Richtig, Joethe!
        Spitzen der Behörden
weihen ölig quasselnd etwas ein.
Und die Spitzen der Behörden wörden
alle voll von Faust-Zitaten sein –
        richtig, Joethe!

Und es wimmelt von Bezüglichkeiten:
‹Goethe und...› so tönt es immerzu.
Auf den bunten Marken muß er schreiten,
und dann sagen alle zu ihm Du!
(...).»
        (Ges. Werke Bd. IX, S. 293 f)

– T. wurde anläßlich seines 50. Todestages von der Deutschen Bundespost Berlin mit dem «Sonderpostwertzeichen ‹Kurt Tucholsky›» geehrt...

...In seinen «Schnipseln» (s. Ges. Werke Bd. X, S. 21) polemisierte T. (1932):

«(...) –: ich wollte wohl einmal Hitlern als Gespenst erscheinen. Aber in welcher Gestalt? Das beste wird sein: als Briefmarke. Es gäbe da manche Möglichkeiten.»

S. 127 *Eine Hoffnung.*
T.s feines Gehör für das Berlinische ist mit Recht von Walther Kiaulehn (1900–1968) im *Richtigen Berliner* (1965) gelobt und zusammen mit der Tucholskyschen Orthographie eine wichtige Quelle geworden.

T. lobte Mehrings Kenntnisse:

«Er beherrscht alle berliner Dialekte: den des Luden, der Hure, des Schiebers, des zivilisierten Konfektionärs, des Droschkenkutschers und am meisten den Dialekt der Zeitungsleser, den die gar nicht als Dialekt spüren, und von dem sie glauben, das eben sei ihr geliebtes Deutsch.»

T.s Einwand hebt seinerseits T.s Beobachtungsgabe hervor:

«Ich sehe Berlin etwas anders. Noch kann ich es nicht so hartmäulig finden. Stell dich auf den Lehrter Stadtbahnhof und sieh die Züge nach Hamburg abfahren, die Lichter blinken, die Lokomotiven schnaufen, und über die Brücken trollt Berlin. Das faßt Mehring ausgezeichnet und so wie kein andrer. Aber er sieht nicht, wie vorn im ersten Viertklassewagen ein älterer Mann mit Brille und einem Vogelbauer sitzt, das er in Tücher gehüllt hat. Darinnen hockt ängstlich auf seiner Stange ein kleines Tier mit erschrockenen glänzenden Augen. Und von Zeit zu Zeit sagt der Mann: ‹Na laß man, Mulle! Wir fahn jleich ab!› Das sieht er nicht.» (Ges. Werke Bd. II, S. 448f)

S. 129 *...sagen die Leute...*
In seinen Briefen an Marierose Fuchs wurde T. deutlicher: «(...) – ich habe zwar 2 Schreibmaschinen, aber nur zehn Finger. Und ich plage mich hier mit allerlei Arbeit, die geht so langsam... Und wenn sie nachher da ist, dann sagen die Leute: ‹Ach der – man versteht ja jedes Wort! Das schüttelt er so aus dem Ärmel.› Ein Kompliment – aber in Deutschland eines vierten Ranges.» (21.11.1930)

Und am 4.7.1931 beklagte sich T. über die «merkwürdige Wirkung» seiner Bücher *Ein Pyrenäenbuch* (1927) und *Schloß Gripsholm* (1931); das *Pyrenäenbuch*, gestand T. der Journalistin, sei «(...) wirklich ‹heruntergehauen›, etwas, was manche Dummköpfe von ‹Gripsholm› behaupten, weil sie nicht wissen, was Leichtigkeit ist, und daß man nicht unbedingt schwitzen muß, wenn man Literatur macht (...).» Die Wirkung von *Schloß Gripsholm* war größer als erwartet: «Auch hat die Schloßverwalterin von Gripsholm aus Schweden schreiben lassen: die Leute bestellten da immer Zimmer, was denn das sei...» (2.8.1931).

S. 129 *Es ist eine unglückliche Liebe.*
Doch daran war nicht nur das Publikum schuld, sondern – von einigen Ausnahmen (Willi Schaeffers, Paul Graetz, Claire Waldoff «und noch ein paar») abgesehen – die Kollegen; darunter «leider auch die ‹Katakombe›», aus der einige Mitglieder, vom Gestapo-Publikum verhaftet, in das KZ Esterwegen verschleppt wurden.

In «Theobald Tiger spricht» (s. Ges. Werke Bd. IX, S. 207f) stöhnte T. nämlich: «Ich werde so furchtbar beklaut.»

Mit den «Nazi-Diebstählen» und mit «Bruder Brecht» rechnete T. an anderer Stelle ab (→ Anm. S. 25 und S. 71).

S. 141 *...gilt noch heute...*
T. war davon so sehr überzeugt, daß er das Inselbändchen als Übungsmaterial weiterreichte (Brief an Marierose Fuchs vom 21.11.1930).

S. 141 *Sie blenden auf den ersten Blick;...*
Am 21.11.1930 empfahl T. der Rat suchenden Publizistin Marierose Fuchs die Essays (!) N.s, weil sie offensichtlich genügend stilistisch Lehrreiches enthalten.

S. 142 *Er war ein wunderbarer Bergsteiger;...*
Ein Jahr später schränkte T. ein: «Ein großer Schriftsteller mit großen literarischen Lastern. Ein schwacher Mensch. Ein verlogener Wahrheitssucher: ein Freund der Wahrheit und ein Schwippschwager der Lüge. Ein Jahrhundertkerl, der in seiner etwas kokett betonten Einsamkeit gewaltige Prophezeiungen niedergeschrieben hat. Aber grade das, um dessentwillen er heute so tausendfältig zitiert wird, grade das kann ich nicht finden, dies eine nicht: Kraft nicht»; (vgl. Ges. Werke Bd. X, S. 14).

Daß der Nachlaßband N.s «die ungeheuerlichsten Dinge gegen die Boches [Schimpfwort für die Deutschen; W. H.]» enthält, merkte T. Anfang Januar 1934 – mit einem P. S. – in einem Brief an Walter Hasenclever (1890–1940) an – Das brachte T. dazu, seine Kritik von 1932 gegen das Nietzsche-Archiv etwas zu mildern.

S. 144 *...schwer geheim...*
In «Was darf die Satire?» (Ges. Werke Bd. II, S. 42–44) schloß T. mit der Antwort *Alles* ab, doch blieb von diesem Freibrief (1932) nur noch ein «Schnipsel» übrig:
«Satire hat eine Grenze nach oben:
Buddha entzieht sich ihr.
Satire hat auch eine Grenze nach unten.
In Deutschland etwa die herrschenden faschistischen Kräfte.
Es lohnt nicht – so tief kann man nicht schießen.»
(Ges. Werke Bd. X, S. 49)
Als für T. die Grenze des Vorstellbaren und Zumutbaren überschritten war, schrieb er am 20.4.1933 an Walter Hasenclever (1890–1940): «Man kann nicht schreiben, wo man nur noch verachtet.»

S. 145 ...*auf einen Gummistempel*...
1931 fragte T.: «Wenn Stefan Zweig einen erkälteten Magen hat –: schreibt er sich dann etwas auf die eigne Bauchbinde –?»

S. 146 ...*die falschen Würdenträger*...
T. warf «dem männlichen Oberzensurrat» Gertrud Bäumer ihre Aktivitäten im Zusammenhang mit dem *Gesetz zur Bewahrung der Jugend vor Schund- und Schmutzschriften* vom 18. Dez. 1926 vor («Old Bäumerhand, der Schrecken der Demokratie» – Ges. Werke Bd. IV, S. 556–560). Nachdem «die Mutter des Schmutzgesetzes» Verdun besucht hatte, kritisierte T. sie wegen ihres Berichtes (in: «Der Krieg und die deutsche Frau» – Ges. Werke Bd. V, S. 267–269).

Frank Thieß wurde von T. mit einem «Schnipsel» bedacht:
«Frank Thießens Geschreibe ist wie Musik: der Hörer darf sich alles mögliche dabei denken, ist imstande, nachher gebildet darüber zu sprechen, und es verpflichtet zu gar nichts.» (Ges. Werke Bd. X, S. 21)

T., der *Das Ende der Revolution* (1920) und *Das kleine Logbuch* (1921) von Otto Flake besprochen hatte (Ges. Werke Bd. III, S. 73–75 und S. 136f), bedauerte 1926, «einen Kameraden verloren [zu] haben», da F. aus der Linken «austrat».

Der Schopenhauer-Kenner T. hat *Schopenhauer als Verbilder* (1910) von Hermann Graf Keyserling «gegessen, ausgespuckt und vergessen» und rezensierte das *Reisetagebuch eines Philosophen* (1919 u. ö.), das Werk einer «Schießbudenfigur», ebenfalls (Ges. Werke Bd. VI, S. 144–150 und S. 151–155).

S. 147 ...*– und er hatte recht.*
In dem Gedicht «Dem Andenken Siegfried Jacobsohns» (Ges. Werke Bd. IV, S. 570) beschreibt die vorletzte Strophe
«Wir gehen, weil wir müssen, deine Bahn.
    Du ruhst im Schlaf.
Nun hast du mir den ersten Schmerz getan.
    Der aber traf.»
T.s Verhältnis zu «S. J.» und charakterisiert die Qualität der Tucholskyschen Mitarbeit an der *Weltbühne* – öffentlich. Doch als der «Brief an einen bessern Herrn» (Ges. Werke Bd. IV, S. 65–70) in der *Weltbühne* erschienen war, führte T. bittere Klage gegen «Kalwunde», weil dieser ohne Rücksprache einige für T. besonders wichtige Stellen aus dem Generalangriff auf Hans von Seeckt «herausgestrichen» hatte; vgl. den Brief an J. vom 31.3.1925?.

In einem undatierten Brief an den Herausgeber der *Weltbühne* reagierte T. auf die wohl unvermeidbaren Mißverständnisse noch humorvoll:

«Hochgeehrter Herr!
 Wir mechten wohl mal etwas besser Korrekturen läsen. Bei der vorigten standen Sie ja schon mit einer Backe im Schlafwagen – aber auch sonst ist das nicht zum Totlachen. Vor allem geht mich das zu schnell. Ich muß mich an meinem Misde wärmen, wie Sie so lieblich sagen – ich schlage vor, daß ich alles, was nicht zum nächsten Mal gebraucht wird, ein pißchen hierbehalten darf. Dann geht mir erst die rechte Schönheit auf... Ja. Und denn mußtu auch gorriegieren lassen. Ich habe nu mal die Antipathie gegen alles mögliche, was Sie ja auch gar nicht behalten wollen (...).»

Im «Gedenken an Siegfried Jacobsohn» (Ges. Werke Bd. V, S. 388–391) schließlich schrieb T. «dem idealsten deutschen Redakteur» nach:

«Was mich betrifft, so weiß ich, daß S. J. mich manchmal angepfiffen hat, und daß ich des öftern auf ihn geschimpft habe wie ein Rohrspatz. Aber immer zu Hause, und nie vor andern. Denn stärker als jeder Kleinkram des täglichen Betriebes, über den man streiten konnte, war das Band, das uns alle, die wir ihn lieb gehabt haben, an ihn fesselte.»
 «Und wenn der ganze Schnee verbrennt:
  wir lachen und arbeiten weiter»,
schloß T. (1930) sein Gedicht «S. J.» (Ges. Werke Bd. VIII, S. 212).

Übersetzungen

15 *Skribler:* Schreiberling
15 *exultieren,* frz. exulter: frohlocken
15 *vox media,* lat. (hier etwa): Mittelding zw. «wird» u. «ist» aufgezogen
17 *Epitheton:* schmückendes Beiwerk
17 *Moi, je prends une orangeade, mais une allemande,* frz.: Ich trinke eine Orangenlimonade – aber eine deutsche
18 *pejorativ:* abfällig
18 *mongdäner (mondäner):* von übersteigerter Vornehmheit
18 *aus der linken la main:* aus der linken Hand
18 *Kommis* (veraltet; von T. gern herablassend gebraucht): Handlungsgehilfe, Angestellter
19 *fin de siècle,* frz.: Ende des (ausgehenden 19.) Jahrhunderts
20 *mauscheln:* betrügen, unredlich handeln; hier: undeutlich sprechen
20 *Purist:* entschiedener Fremdwortgegner
21 *Exposé:* Bericht, Entwurf; hier: Aufstellung
21 *der reklamierte Reservehauptmann:* der vom aktiven Dienst bei der Truppe befreite Hauptmann der Reserve
26 *irreal:* unwirklich
29 *redigieren:* textlich bearbeiten; hier: gutheißen
34 *Sortimenter:* Ladenbuchhändler
36 *privatim:* unter vier Augen
36 *Borgis:* eine bestimmte Schriftgröße
36 *ohne Durchschuß:* ohne Zwischenraum
36 *Autarkie:* (wirtschaftliche) Unabhängigkeit
43 *jeu,* frz.: Spiel; hier: Kartenspiel
47 *Zuave:* Angehöriger einer ehemaligen französischen Kolonialtruppe
49 *Timbre:* Klangfarbe; hier: Tonlage, Tonfall
54 *Il est arrivé,* frz.: Er ist aufgestiegen
54 *Oui,...mais dans quel état!,* frz.: Ja... aber in welchem Zustand!
56f *proprement dit:* frz. (wörtl.: sauber gesagt) eigentlich, an (und für) sich
65 *Chimborasso* (Vulkan in den Anden); hier: bildlich für eine riesenhafte Höhe
65 *o tempora! o modi!* lat. (Wortspiel – eigentlich: *o tempora! o mores!*: Welche Zeiten, welche Sitten!); hier in Anspielung auf die grammatischen Bezeichnungen *modus* (Mehrz. *modi*) und *tempus* (Mehrz. *tempora*) für «Art» und «Zeit» gebraucht

65 *in infinitum*, lat.: hier: bis in alle Ewigkeit
78 *posito*, lat.: angenommen
79 *doyen*, frz.: Rang- oder Dienstältester; im diplomatischen Dienst: Doyen (!), Leiter, Sprecher des diplomatischen Korps.
79 *chanuka*, hebr.: achttägiges Weihefest, das am 25. *kisslejw* (etwa unser Dezember) beginnt und bei dessen Gelegenheit Almosen an Arme und Geschenke an Kinder und Hausangestellte verteilt werden (n. S. Landmann)
80 *volant*, frz.: Lenkrad
80 *A. A.* (seit 1967 nach DUDEN: AA): Auswärtiges Amt
80 *Apropos*, frz.: übrigens, weil wir gerade davon sprechen...
82 *On fera l'amour – l'après-midi pour toi, le soir pour moi, le matin pour nous et la nuit pour les pauvres*, frz.: Wir werden miteinander schlafen – nachmittags für dich, abends für mich, morgens für uns und nachts für die Armen
82 *Une femme! Une femme! Ça fait pipi avec rien*, frz.: Eine Frau! Eine Frau! Das macht Pipi mit Nichts
82 *up to date*, engl.: auf dem laufenden
82 *ma chère*, frz.: meine Liebe
82 *my darling*, engl.: mein Liebling
87 *dobje*, poln. (dobrze): gut
88 *à la gare*, frz.: (wörtl. zum Bahnhof); hier: vergiß es!
88 *ça-ça fait riche*, frz.: das – das macht einen reichen Eindruck
88 *sans blague*, frz.: ohne Spaß, im Ernst
89 *chorus mysticus*, gr.-lat.: geheimnisvolle Sängerschar
90 *mohreln* (in Tucholsky-berlinischer Rechtschreibung): *mogeln*
90 *pee a pee* (berlinisch für): *peu à peu*, frz.: nach und nach
93 *nomdenom...* (*nom de nom*, frz.): Herrgott nochmal (*nom*, Name, wird geflucht, um *Dieu*, Gott, zu vermeiden)
102 *Il a trouvé ce mot*, frz.: Er hat dieses Wort gefunden
103 *prier qn. de ne pas faire qc.*, frz.: jmd. bitten, etwas nicht zu tun
103 *que cela n'arrive plus!*, frz.: daß das nicht mehr vorkommt
104 *ah – ça*, frz. (etwa): tja... da kann man nichts machen
105 *force majeure*, frz.: höhere Gewalt
105 *frondeur*, frz.: Kritiker des politischen Systems
105 *rocher de bronze*, frz. (?) hier: steinhartes Hindernis
106 *Je ne peux pas vous le garantir*, frz.: Ich kann Ihnen das nicht garantieren
111 *vox humana*, lat.: menschliche Stimme
114 *much to high*, engl.: viel zu hoch
117 *faire*, frz.: machen

129 *Poängte* (scherzhafte Tucholsky-Orthographie, frz: *pointe*): svw. Spitze, zündend-witzige Bemerkung
134 *Schulpensum:* zu lernender Schulstoff
135, 141 *Kolleg:* Vorlesung, Lehrvortrag
135 *Sorbonne:* Universität in Paris
137 *Epigone:* Nachbeter
139 *Hekuba* (Redewendung: das ist Hekuba): das ist gleichgültig
140 *aliquid*, lat.: irgend etwas, Bedeutendes, Wichtiges
140 *de aliqua re*, lat.: über manche Sache
143 *eskomptieren:* (mit) berücksichtigen, ausbeuten; hier: Ereignisse vorausberechnen
144 *Admonition:* Tadel, Rüge
145 *Suada*, lat.: Beredsamkeit
148 *Jamben* (Einzahl: *Jambus*): Versmaß; aus einer kurzen und einer langen Silbe bestehend
148 *Trochäen* (Einzahl: *Trochäus*): Versmaß; bestehend aus einer langen und einer kurzen Silbe
152 *pittoresk* (frz. *pittoresque*): malerisch
154 *pro domo*, lat. (für das – eigene – Haus): in eigener Sache

Personenregister

Barrès, Maurice (1862–1923); frz. Schriftsteller u. Politiker. 110

Baumbach, Rudolf (1840–1905); Schriftsteller; Vertreter der «Butzenscheibenlyrik». 22

Bäumer, Gertrud (1873–1954); Schriftstellerin u. Politikerin; maßgeblich am «Schund- u. Schmutzgesetz» in Planung u. Durchsetzung beteiligt. 146

Bendow, Wilhelm (eigtl. Emil Boden) (1884–1950); Komiker der zwanziger u. dreißiger Jahre. 137

Berg, Leo (1862–1908); Journalist u. Schriftsteller. 19

Bergner, Elisabeth (1897–1986); österr. Schauspielerin. 67

Bertrand, Louis (1866–1941); frz. Schriftsteller. 110

Bétove (Pseudonym für Michel-Maurice Lévy) (1884–1965); Komponist u. Autor; in den zwanziger Jahren Auftritte im «Chez Fysher» in Paris; musikalische Parodien, die eine gewisse Perfektion erreichten. 106ff

Blei, Franz (1871–1942); österr. Schriftsteller, Übersetzer u. Literaturkritiker. 131

Bois, Curt (* 1901) Schauspieler u. Regisseur. 107

Bölsche, Wilhelm (1861–1939); Schriftsteller. 19

Börne, Ludwig (1786–1837); Schriftsteller u. Journalist. 146

Brahm, Otto (1856–1912); Literaturhistoriker u. Bühnenleiter; u. a. Essay über Fontane s. d. (1915). 136

Brecht, Bert(olt) (1898–1956); Schriftsteller u. Regisseur; von T. wegen einiger Plagiate kritisiert. 71, 150

Bruant, Aristide (1851–1925); frz. Dichter; Mitarbeit an einem Argot-Wörterbuch (1901). 128

Büchmann, Georg (1822–1884); Philologe; bekannt geworden durch *Geflügelte Worte – Citatenschatz d. dt. Volkes* (1864; seitdem zahlreiche Bearbeitungen). 109

Buddha (* um 480); Religionsstifter. 96, 144

Caesar, Gaius Iulius (100 od. 102–44); röm. Politiker, Feldherr u. Schriftsteller; Eroberung Galliens (58–51). 143

Cambronne, Pierre (Jacques Etienne) Graf (1815) (1770–1842); frz. General; geriet bei Waterloo 1815 in engl. Gefangenschaft 109

Capus, Alfred (1858–1922); frz. Schriftsteller u. Journalist. 54

Chamberlain, Sir Joseph Austen (1863–1937); brit. Politiker; 1924–1929 Außenminister; 1925 Nobelpreis. 67

Chaplin, Charlie (1889–1977); brit. Filmschauspieler; «Der berühmteste Mann der Welt» (1922). 36

Cicero, Marcus Tullius (106–43); röm. Staatsmann u. Philosoph; u. a. *De oratore* (dt. *Über den Redner* 55). 134

Cocteau, Jean (1889–1963); frz. Dichter, Komponist u. Filmregisseur. 107

Coogan, Jackie (*1914); amerik. Filmschauspieler; spielte mit Chaplin s. d. in «Der Vagabund und das Kind» (dt. 1921). 88

Coolidge, Calvin (1872–1933); 30. Präs. d. USA (1925 bis 1929). 67

Courteline, Georges (eigtl. Georges Moinaux) (1858 bis 1929); frz. Dramatiker; von T. wegen dessen Wahlspruch «Et après –?» (dt. svw. «Na und–?») sehr geschätzt, dem zu folgen T. (1927) vorgab; T. widmete ihm den Auswahlband *Das Lächeln der Mona Lisa* (erschien 1929). 34

Daudet, Alphonse (1840–1897); frz. Schriftsteller; u. a. *Le petit chose* (autobiogr. Roman, 1868; dt. 1877 *Der kleine Dingsda*). 34

Deutsch, Ernst (1890–1969); Schauspieler; Hauptrolle in «Der Sohn» (1914), mit dem der Freund T.s Walter Hasenclever (1890–1940) bekannt wurde. 71

Dickens, Charles (1812–1870); engl. Schriftsteller. 75

Ebert, Friedrich (1871–1925); Politiker (SPD); 1919–1925 Reichspräsident; von T. wegen dessen «Bonzentums» häufig angegriffen. 17, 48

Edschmid, Kasimir (eigtl. Eduard Schmid) (1890–1966); Schriftsteller, den T. als «fetten Dämoniker» bezeichnete. 20, 144

Einstein, Carl (1885–1940); Kunsthistoriker u. Schriftsteller; seit 1966 Carl-Einstein-Preis (Kunstkritik). 145

Engel, Eduard (1851–1938); Literaturhistoriker u. Schriftsteller; Ehrenvorsitzender des *Allgemeinen Deutschen Sprachvereins*; bedeutendster Gegner Gustav Wustmanns s. d. 29, 34

Erlholz, Käthe (eigtl. Katharina Reinholz) (1876–1958); Kabarettistin; interpretierte in Revuen ihres Ehemannes Rudolf Nelson (1878–1960) Chansons von Tucholsky. 19

Flake, Otto (1880–1963); Schriftsteller und Kulturphilosoph; Pseudonym Leo F. Kotta. 146

Fontane, Theodor (1819–1898); Dichter u. Theaterkritiker; T. begegnete dem «märkischen Goethe» stets mit großer Hochachtung: «Der alte Fontane» und «Fontane und seine Zeit» (beide 1919). 65

Ford, Henry (1863–1947); amerikanischer Automobilhersteller. 17, 27

Freud, Sigmund (1856–1939); österr. Arzt u. Psychologe; Begründer der theoret. u. prakt. Psychoanalyse; die 1924ff erschienene Gesamtausgabe hat T. besprochen. 23

George, Stefan (1868–1933); Dichter u. Übersetzer. 56

Giese, Fritz (1890–1935); Psychologe; führte in der Psychotechnik den Unterschied zw. Subjekts- u. Objektspsychotechnik ein; *Das freie, literarische Schaffen bei Kindern u. Jugendlichen* erschien 1914. 19, 23f

Goldschmidt, Alfons (1879 bis 1940); Wirtschaftswissenschaftler u. Journalist; T. rezensierte *Moskau 1920* u. *Deutschland heute* (1929). 130

Goethe, Johann Wolfgang von (1749–1832); Dichter; T. besprach *Das Tagebuch* (1810). 47, 75, 120, 130, 139, 140

Grimm, Hans (1875–1959); Schriftsteller; T. rezensierte *Volk ohne Raum*, das 1928/30 erschien: «Grimms Märchen». 130

Grimm, Hermann (1828 bis 1901); Kunst- u. Literaturhistoriker. 46

Gumbel, Emil Julius (1891 bis 1966); Mathematiker u. Publizist; T. besprach u.a. *Zwei Jahre Mord* (1922 u.d. T. *Vier Jahre politischer Mord* u. *Verräter verfallen der Feme* (1929, Mitautor), in denen G. die Greueltaten der «Soldateska» und das Fehlverhalten der Polizei u. Justiz «brillant dokumentierte». 48

Haecker, Theodor (1879–1945); philos. Schriftsteller u. Kulturkritiker. 142

Hamsun, Knut (1859–1952); norw. Schriftsteller; 1920 Literaturnobelpreis. 22

Hartmann, Georg (1862–1936); Intendant des 1912 gegründeten Deutschen Opernhauses in der Bismarckstraße (Berlin-Charlottenburg). 106

Hauptmann, Gerhart (1862 bis 1946); Dichter; Literaturnobelpreis 1912; «Der Biberpelz» (1893). 20

Hebbel, Christian Friedrich (1813–1863); Dramatiker. 148

Hebel, Johann Peter (1760 bis 1826); Dichter; *Schwänke aus dem Rheinländischen Hausfreund* von T. rezensiert. 146

Hegel, Georg Wilhelm Friedrich (1770–1831); Philosoph. 142, 148

Heine, Heinrich (1797–1856); Dichter; T. behauptete (1927), H.s Satz: «Ich bin fest überzeugt: ein fluchender Franzose ist ein angenehmeres Schauspiel für die Gottheit als ein betender Engländer» sei ihm «aus dem Herzen geholt». 148

Hermann, Georg (eigtl. G.H. Borchardt) (1871–1943); Schriftsteller; von T. nach dessen Roman *Jettchen Gebert* (1906) «Jettchen Hermann» genannt. 131

Herriot, Edouard (1872–1957); frz. Politiker u. Schriftsteller; 1924/25 Außenminister; nach dessen Rede (am 14. Juli 1925, dem frz. Nationalfeiertag), bemerkte T., «mußten erst ein paar reaktionäre Lärmmacher an die frische Luft gesetzt werden». 88

Herzog, Rudolf (1869–1943); Schriftsteller; T. «zerriß» dessen Roman *Kameraden* (1922), Produkt eines «Leihbibliotheksdichters». 24

Hindenburg, Paul von Beneckendorff und von (1847–1934); 1914 Generalfeldmarschall; 1925–1934 Reichspräsident. 127, 132

Hippokrates (um 460–um 370); gr. Arzt. 142

Hirsch, Julius (1882–1961); Wirtschaftswissenschaftler; *Das amerikanische Wirtschaftswunder* erschien 1926. 24

Hitler, Adolf (1889–1945); nationalsozialist. Politiker. 36, 37

Hoffmann von Fallersleben, August Heinrich (eigtl. A. H. Hoffmann) (1798–1874); Germanist u. Lyriker; Verfasser des «Deutschlandliedes» (1841) und zahlreicher Kinderlieder. 17

Holl, Gussy (1888–1966); Kabarettistin; Interpretin Tucholskyscher Chansons. 34

Homer (um 750 + um 650); gr. Dichter; gilt als einer der bedeutendsten Dichter der Weltliteratur; wahrscheinl. Verf. der *Ilias* und *Odyssee*. 36

Hugo, Victor (Marie) (1802 bis 1885); französischer Dichter; *Les misérables* (Roman, 1862, dt. u. d. T. *Die Armen und die Elenden*). 109

Jacobsohn, Siegfried (1881 bis 1926); Theaterkritiker u. Verleger, Gründer u. Herausgeber der *Schaubühne* (1905, ab 1918 *Weltbühne*). 147

Jannings, Emil (1884–1950); Schauspieler; die witzigste Theaterkritik T.s, «Faust in Paris» (1925), war als «Ein Brief an Emil Jannings» verfaßt. 25

Jensen, Johannes Vilhelm (1873–1950); dän. Schriftsteller; *Exotische Novellen* (1907–1915, 1925 dt.); Literaturnobelpreis 1944. 111

Kant, Immanuel (1724–1804); Philosoph. 149

Kautsky, Karl (1854–1938); österr. Sozialist; begründete 1883 u. leitete bis 1917 *Die Zeit* (SPD). 127

Keyserling, Hermann Graf (1880–1946); Philosoph; gründete 1920 «Schule der Weisheit» in Darmstadt; T.s Rezensionen trugen in Anspielung darauf den Titel «Der Darmstädter Armleuchter». 146

Kipling, Rudyard (Joseph) (1865–1936); engl. Schriftsteller; u. a. *Im Dschungel* (dt. 1898, 1907 u. d. T. *Das Dschungelbuch*); Literaturnobelpreis 1907. 94

Lasker, Emanuel (1868–1941); Mathematiker; 1894–1921 Schachweltmeister. 54

Lenin, Wladimir Iljitsch (eigtl. W. I. Uljanow) (1870–1924); sowjetruss. Politiker; *Der Imperialismus als höchstes Stadium des Kapitalismus* (1915); *Materialismus und Empiriokritizismus* (1909). 115 f

Le Singe, Théodore in T.s scherzh. Orthographie meint: Lessing, Theodor (1872 bis 1933); Publizist u. Kulturphilosoph; 1922 Professor f. Pädagogik u. Philosophie (in Hannover!). 94

Liliencron, Detlev (eigtl. Friedrich Freiherr v. L.) (1844 bis 1909); Lyriker. 131

Lindau, Paul (1839–1919); Theaterleiter u. Schriftsteller. 136

Löbe, Paul (1875–1967); Journalist u. Politiker; 1920–1924 u. 1925–1932 Reichstagspräsident. 82 f

Loewe, Carl (1796–1869); Komponist; vertonte etwa 400 Balladen. 107

Lohmeyer, Edward; Bibliotheksdirektor in Kassel. 14

Loti, Maud; frz. Schauspielerin; s. «Maud Loti» (Theaterkritik 1924). 111

Ludendorff, Erich (1865–1937); Infanteriegeneral; 1914 Chef des Generalstabs unter Hindenburg *s. d.*; 1918 entlassen; 1923 Beteiligung am Hitler-Putsch (Freispruch); lebte in der Revolution zeitweilig in Schweden; von T. deshalb gelegentlich «Ludendorff-Lindström» genannt; in «Ein älterer, aber leicht besoffener Herr» (1930) spielte T. wg. der polit. Aktivitäten des antisemitischen «Telefongenerals» mit der Schwedenpunsch-Pointe auf L.s Flucht an. 48

Mann, Thomas (1875–1955); Schriftsteller; 1929 Literaturnobelpreis. 137

Masaryk, Tomáš Garrigue (1850 bis 1937); tschech. Soziologe, Philosoph u. Politiker; 1918, 1920, 1927 u. 1934 Staatspräsident. 133

Mehring, Siegmar (1856–1915); Schriftsteller. 127

Mehring, Walter (1896–1981); Schriftsteller; T. zeigte *Das politische Cabaret* («Gedichtband») begeistert an (1920). 127, 129

Metternich, Klemens Wenzel Fürst von (s. 1813) (1773 bis 1859); österr. Staatsmann; Monarchist; diplom. Gegenspieler Napoleons I. *s. d.* 51

Michael, Jacob; Theaterbesitzer. 80

Millière, Jean Baptiste (1817 bis 1871); frz. Politiker. 48

Morgenstern, Christian (1871 bis 1914); Dichter; T. rezensierte den Gedichtband *Palmström* (1910) sowie die Sammelbände *Der Gigganz* u. *Stufen* (beide 1919). 12

Morus – Pseudonym für Richard Lewinsohn (1894–1968);

Schriftsteller u. Journalist; bis 1931 Mitarbeit im Wirtschaftsteil der *Weltbühne*; T. widmete ihm «Herr Wendriner läßt sich die Haare schneiden» (1925). 108

Mozart, Wolfgang Amadeus (1756–1791); österr. Komponist; Lieblingskomponist Siegfried Jacobsohns *s. d.* 106

Napoleon I. (eigtl. Napoléon Bonaparte) (1769–1821); frz. Kaiser (1804–1814/15). 36

Nietzsche, Friedrich Wilhelm (1844–1900); Philosoph u. Dichter; T. zeigte 1932 die Schludrigkeiten auf, mit der N.s Werke durch dessen Schwester und durch das N.-Archiv (1894 gegr. – «ein Unglück») urheberrechtlich behandelt wurden.

25, 28, 31, 141 f

Pallenberg, Max (1877–1934); österr. Schauspieler, den T. (1913) als «Teufel», «entgleisten Gott», «großen Künstler» in einer Theaterkritik feierte. 107

Platon (428 o. 427–348 o. 347); gr. Philosoph. 146

Plotin(os) (um 205–270); gr. Philosoph. 142

Poincaré, Raymond (1860 bis 1934); frz. Jurist u. Politiker; 1922–1924 Außenminister; für T. 1922 nicht so «berühmt» (!) wie Chaplin *s. d.* 1913–1920 Staats- u. 1926–1929 Ministerpräsident. 88

Polgar, Alfred (1873–1955); österr. Schriftsteller u. Theaterkritiker; Beiträge für die *Weltbühne*, seit 1905 für die *Schaubühne* (als «Primus»); von T. als «feinster und leisester Schriftsteller unserer Generation» geehrt – in Anspielung auf den «gemeinsamen Gott» Hamsun *s. d.* 139

Polybios (um 200–um 120); gr. Geschichtsschreiber. 142

Raabe, Wilhelm (1831–1910); Dichter; T. stellte 1921 dem 50. Tsd. von *Rheinsberg*, das 1912 erstmals erschien, den Schluß der Vorrede zu R.s Roman *Ein Frühling* (1858) voran. 65

Ravené, Louis; Industrieller. 79

Reimann, Hans (1889–1969); Schriftsteller; u. a. *Vergnügliches Handbuch der deutschen Sprache* (1931); T. rezensierte mit Vergnügen *Sächsische Miniaturen* (1921). 138

Reutter, Otto (eigtl. O. Pfützenreuter) (1870–1931); Coupletdichter; Auftritte im Berliner «Wintergarten»; für T. ein «Pachulke» und «Künstler», der ihn 1921 und 1931 an Fontane (!) *s. d.* erinnerte. 128

Richepin, Jean (1849–1926); frz. Dichter. 110

Roda Roda, Alexander (eigtl. Alexander Friedrich R.) (1872–1945); österr. Schriftsteller u. Journalist; T. lobte (1922) R. R.s Sprachkenntnisse («deutsch, bürokratisch, bayerisch, weanerisch, jiddisch, preußisch, durch die Nase, kokottisch...»); erhielt von T. 1932 das Prädikat «Meister der deutschen Anekdote».   138

Roethe, Gustav (1859-1926); Germanist; seit 1921 u. a. Erster Vorsitzender der *Goethegesellschaft*.   49

Sanders, Daniel (1819-1897); Lexikograph.   15 f, 87

Schelling, Friedrich Wilhelm Joseph von (1775-1854); Philosoph.   148

Schopenhauer, Arthur (1788 bis 1860); Philosoph; T. empfahl «Über Sprache und Stil».   15, 116, 140

Seeckt, Hans von (1866-1936); 1920-1926 Chef der Heeresleitung; T. schrieb das Gedicht «Marke Essig» (1920) für den «Aalglatten, Undurchsichtigen».   49

Shakespeare, William (1564 bis 1616); engl. Dichter.   21

Simmel, Georg (1858-1918); Philosoph u. Soziologe.   21, 25

Sinclair, Upton (Beall) (1878-1968); amerik. Schriftsteller; u.a. *The Jungle* (1906; dt. *Der Sumpf*, 1906); T. bezeichnete den Essayband *Das Geld schreibt* als S.s «spannendsten Roman» (1931).   130

Spengler, Oswald (1880-1936); Philosoph; T. antwortete dem «gipsernen Groschen-Napoleon» auf seine – verfehlte – Kritik der Justiz (1931).   25, 68, 141 f

Thieß, Frank (1890-1977); Schriftsteller; *Erziehung zur Freiheit* erschien 1929.   145 f

Velde, Theodo(o)r van de (1873-1937); niederl. Frauenarzt u. Sexualforscher; u.a. *Die vollkommene Ehe* (1926 dt.).   76

Wagner, Richard (1813-1883); Komponist; stellte eine Kunsttheorie auf, «in deren Mittelpunkt er, mit seinen Gaben, als Erfüller stand», behauptete T. (1920).   132

Waldoff, Claire (1884-1957); Kabarettistin; gefeierte Interpretin berlinischer Chansons; «Hermann heesta...» wurde von den Berlinern mit einem neuen, auf Göring zielenden Spottvers versehen.   95

Wallenstein, Albrecht Wenzel Eusebius von (1583-1634); Feldherr u. Staatsmann; s. T.s Satire gegen die Zensur «Wallenstein und die Interessenten» (1931).   143

Werfel, Franz (1890-1945); österr. Schriftsteller; T. widmete ihm «Kindertheater» (1913).   47

Wustmann, Gustav (1844-1910); Stadtbibliothekar u. Direktor des Ratsarchivs in Leipzig; u.a. *Allerhand Sprachdummheiten* (1891 u. ö.); zog in der 1. Aufl.

gegen das angebliche «Judendeutsch» zu Felde – die antisemitischen Ausfälle blieben von
T. unbeachtet.   13f, 16, 29

Zweig, Stefan (1881–1942);
    österr. Schriftsteller.   145

Inhalt

Vorwort 5

Grammatik in Latschen –
oder:
Ach, muß ich mich ééérgern –!

Neudeutsch 13
Antwort 15
‹Aufgezogen› 15
«Deutsch» 16
Die Angelegenheit 18
Der neudeutsche Stil 19
Das ‹Menschliche› 26
«mit» 28
Zeitungsdeutsch und Briefstil 30
100% 31
Der Herr Soundso 34
Privat 35
Kolossal berühmt 36
Praktisch 38

Puffleutnants und linsenbesetzte Vollbärte –
mit Oberförsterallüren

‹Dienstlich› 43
Na, mein Sohn? 44
Die beiden Titel 45
Du! 47
Der Türke 48
Persönlich 49
Das «Menschliche» 51
Konjugation in deutscher Sprache 55
«eigentlich» 56
Nur 57

Aus dem Rinnstein geklaubt –?

«Machen S' halt eine Eingabe!» 63
Man sollte mal... 65
Der Quatsch 67
Deutsch für Amerikaner 70
Jonathans Wörterbuch 73
«Ich kann Ihnen vertraulich mitteilen...» 77
Gespräch auf einem Diplomatenempfang 79

...weil seine Olle hatte Jeburtstach

Der Fall Knorke 87
Ein Ferngespräch 89
Der Henrige 91
Der Buchstabe G 94

Franksssäh & Co

Die Übersetzung 103
Ah – ça...! 104
Le «lied» 106
«Ah, M...» 109
«Yousana – wo – bi – räbidäbi – dé?» 111
Die hochtrabenden Fremdwörter 113

So verschieden ist es im menschlichen Leben –!

Die Überschrift 121
Die letzte Seite 122
Die Kunst des Couplets 126
Aus dem Ärmel geschüttelt 129
Mir fehlt ein Wort 129
Was tun die Birken? 131
Staatspathos 132
Ratschläge für einen schlechten Redner 134
Titelmoden 137
Die Essayisten 139

Der musikalische Infinitiv 147
Maienklang und die soziologische Situation 148
Schnipsel 154

Editorische Notiz 155

Anmerkungen 156
Übersetzungen 171

Personenregister 174

Kurt Tucholsky

Gesammelte Werke
In 10 Bänden
Herausgegeben von Mary Gerold-Tucholsky
und Fritz J. Raddatz
(Kassette 29011)

Deutsches Tempo
Gesammelte Werke, Ergänzungsband
1911 - 1932
Herausgegeben von Mary Gerold-Tucholsky
und Fritz J. Raddatz
960 Seiten. Gebunden

Schloß Gripsholm
Eine Sommergeschichte.
Mit 23 Illustrationen von Wilhelm M. Busch
240 Seiten. Gebunden und als
rororo 4

Rheinsberg
Ein Bilderbuch für Verliebte.
Mit 15 Illustrationen von Werner Klemke
180 Seiten. Gebunden und als
rororo 261

Ein Pyrenäenbuch
Bericht einer Reise
rororo 474

Deutschland, Deutschland über alles
Ein Bilderbuch von Kurt Tucholsky und
vielen Fotografen.
240 Seiten mit 180 Abbildungen.
Broschiert und als rororo 4611

Gedichte
Herausgegeben von Mary Gerold-Tucholsky
832 Seiten. Gebunden

Das Kurt-Tucholsky-Chanson-Buch
Herausgegeben von Mary Gerold-Tucholsky
und Hans-Georg Heepe
Texte und Noten 368 Seiten. Kartoniert

C 143/33

Kurt Tucholsky

Wir Negativen
Herausgegeben und Nachwort von
Hans Preschner
256 Seiten. Gebunden

Unser ungelebtes Leben
Briefe von Mary
Herausgegeben von Fritz J. Raddatz
624 Seiten. Gebunden

Briefe an eine Katholikin 1929-1931
Mit 1 Kunstdruck-Tafel und 1 Faksimile
90 Seiten. Broschiert

Briefe aus dem Schweigen 1932-1935
Briefe an Nuuna
Herausgegeben von Mary Gerold-Tucholsky
und Gustav Huonker.
320 Seiten. Gebunden und als
rororo 5410

Die Q-Tagebücher 1934-1935
Herausgegeben von Mary Gerold-Tucholsky
und Gustav Huonker.
448 Seiten. Gebunden und als
rororo 5604

Politische Briefe
zusammengestellt von Fritz J. Raddatz
rororo 1183

Ausgewählte Werke I und II
Ausgewählt und zusammengestellt von
Fritz J. Raddatz
Band 1: 512 Seiten. Gebunden
Band 2: 532 Seiten. Gebunden

Zwischen Gestern und Morgen
Eine Auswahl aus seinen Schriften und
Gedichten. rororo 50

C 143/33 a

Kurt Tucholsky

Panter, Tiger & Co.
Eine neue Auswahl aus seinen Schriften
und Gedichten. rororo 131

Politische Justiz
Vorwort: Franz Josef Degenhardt
Zusammengestellt von Martin Swatzenski
rororo 1336

Politische Texte
Herausgegeben von Fritz J. Raddatz
rororo 1444

Schnipsel
Aphorismen
rororo 1669

Literaturkritik
Mit einer Vorbemerkung von
Fritz J. Raddatz
rororo 5548

Wenn die Igel in der Abendstunde
Gedichte, Lieder und Chansons
Mit 15 Illustrationen von Werner Klemke
200 Seiten. Gebunden und als
rororo 5658

Wo kommen die Löcher im Käse her?
Glossen und Grotesken
Mit Zeichnungen von Werner Klemke
160 Seiten. Gebunden

**Schloß Gripsholm
Literatur für Kopfhörer**
Uwe Friedrichsen liest.
4 Toncassetten im Schuber mit je
90 Minuten Spieldauer (66006)

Kurt Tucholsky
dargestellt von Klaus-Peter Schulz
rororo bildmonographie 31

C 143/33 b